谨以此书献给

强化班成立 **20** 周年

创享团队成员

14级：王贞利　刘世雄

15级：蒋晨恺　林慧冰　李政沛　谢丹怡　王　婷
　　　查　玥　杜青青　潘　婷　安雨晨

16级：马皓月　夏乐怡　徐昳潇　叶柔心　郑艺佳
　　　杨　钊　符浩栾　郑炎钊

17级：郭　越　韩汶东　黄舒婷　田雨荷　吴轶涵
　　　徐斯沛　徐　甜　姚沁田　郑博鸿

梦与追求

■ 主编　金一平

浙江大学出版社
ZHEJIANG UNIVERSITY PRESS

图书在版编目（CIP）数据

梦与追求 / 金一平主编. —杭州：浙江大学出版社，2019.10

ISBN 978-7-308-19638-3

Ⅰ.梦… Ⅱ.①金… Ⅲ.①浙江大学-校友-纪念文集 Ⅳ.① G649.285.51-53

中国版本图书馆CIP数据核字（2019）第221144号

梦与追求

金一平　主编

责任编辑　傅百荣
责任校对　杨利军　陈逸行
封面设计　李　想
出版发行　浙江大学出版社
　　　　　（杭州市天目山路148号　邮政编码310007）
　　　　　（网址：http://www.zjupress.com）
排　　版　杭州隆盛图文制作有限公司
印　　刷　杭州高腾印务有限公司
开　　本　710mm×1000mm　1/16
印　　张　9.75
插　　页　4
字　　数　120千
版 印 次　2019年10月第1版　2019年10月第1次印刷
书　　号　ISBN 978-7-308-19638-3
定　　价　48.00元

97、98 级 ITPers

99 级 ITPers

00 级 ITPers

01 级 ITPers

03 级 ITPers

05 级 ITPers

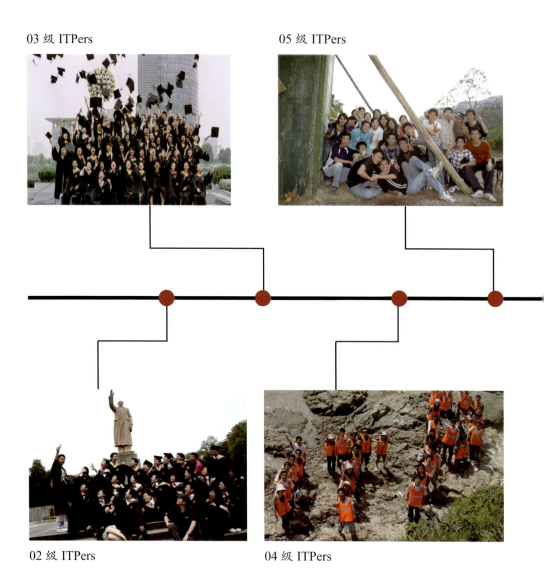

02 级 ITPers

04 级 ITPers

06 级 ITPers

08 级 ITPers

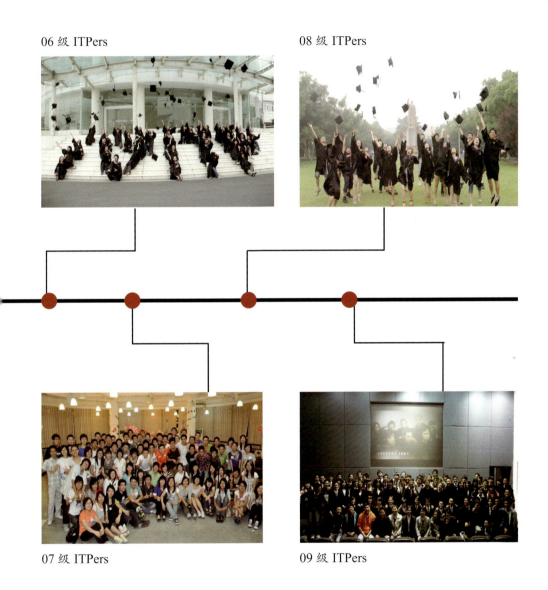

07 级 ITPers

09 级 ITPers

11 级 ITPers

13 级 ITPers

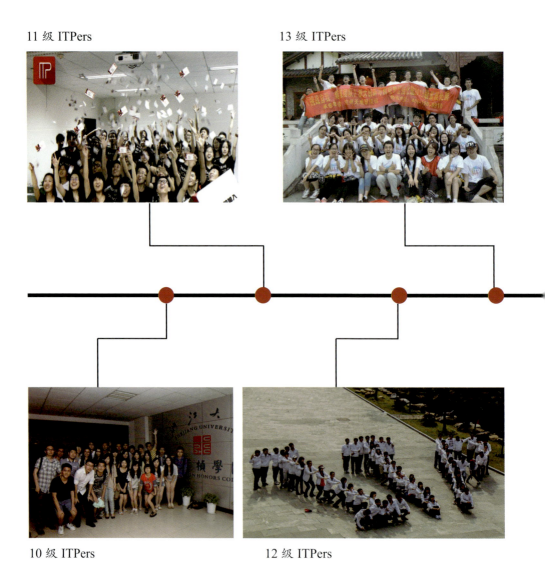

10 级 ITPers   12 级 ITPers

14 级 ITPers

16 级 ITPers

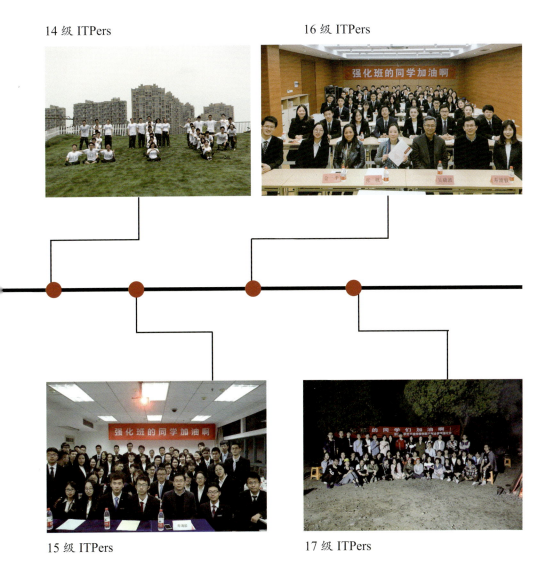

15 级 ITPers

17 级 ITPers

强化班同学会 合唱班歌　　　　　　　强化班同学会 晚会剪影

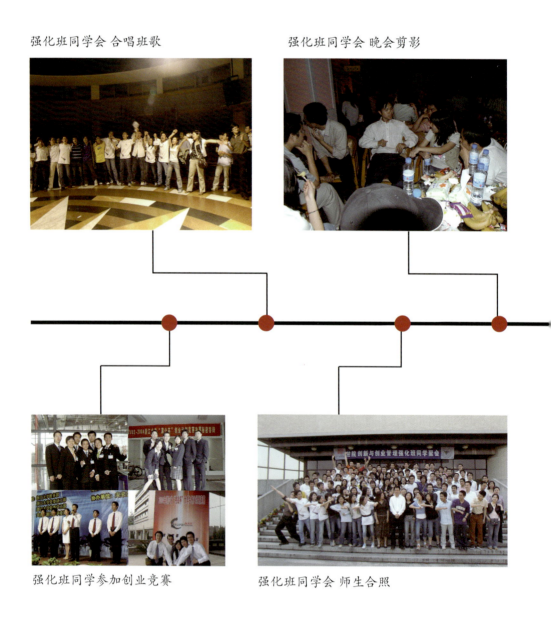

强化班同学参加创业竞赛　　　　　强化班同学会 师生合照

10 周年 年会现场

10 周年 紫金创业论坛

15 周年 年会参会人员合影

16 周年 嘉宾与工作人员合影　　　　　　　18 周年 工作人员留念

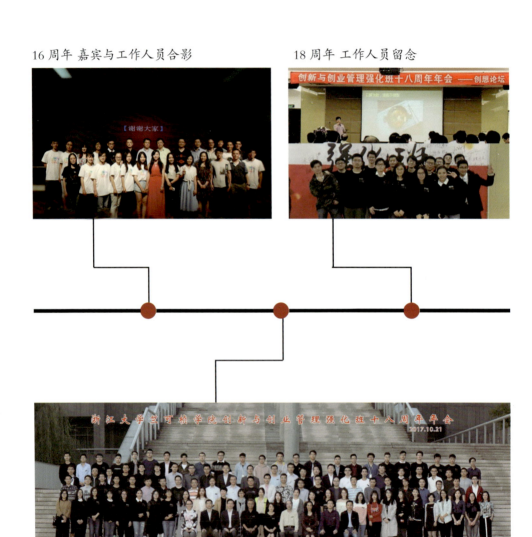

18 周年 参会人员合影

序一

光阴荏苒，20年弹指一挥间。当年一起挥斥方遒，指点江山的青年教师们，如今已是满头华发；当年激情澎湃，风华正茂的强化班学子，如今已是收获累累的业界翘楚，创业精英。20年20茬，年年新，日日升，蕴育中升华的强化班精神：梦与追求！20年，我们一起走来，这是一曲师生关系最平等、最活跃，也是最具挑战性的共同奋斗、共同进步之歌！

20年，多少人，多少事？多少的奋斗？这是一群不甘寂寞、不甘平庸的师生，这是一群那么爱折腾的人……"要过不一般的大学生活，到强化班来吧！"已成为求是园里一道靓丽的风景线！一颗颗活跃跃的"创新创业种子"深深地埋下、渐渐地发芽、倔强地冒芽、茁壮地成树成林……DPRS，梦想、激情、责任、微笑已经成为"强化人"的血液，种子们已经列队成行，高歌猛进。

上世纪末掀起的第三次科技革命、产业革命，催生了一大批大学生创业者，乔布斯、盖茨、贝索斯、布林、扎克伯格等等。20年前中国也崛起了一批大学生创业者，马云、马化腾、李彦宏等等。他们创造了新一轮产业革命中的奇迹，"科技改变世界"成为新一代青年创业者的响亮口号。正是在这样的时代，浙江大学诞生了一个全新的本科班级"浙江大学高技术创新与创业管理强化班"（简称强化班，ITP）。每年60人，学员面向除管理学院外的全校所有专业学生招收。交叉复合、拆除"围墙"、开设第三第四课堂，"走出去，请进来"……一种全新的教育模式由此开启，一种全新的大学生活从此扬帆起航。

看着一届又一届强化班同学们朝气蓬勃地加入、学习、实践、自省、奋斗，面对一张张充满阳光的笑脸，在ITPer们自主组织的"热气腾腾"的招新会上，在分享会上老ITPer们跌宕起伏的创业故事里，在新生入学典礼上老ITPer们的"请务必做得比我们更好"的叮嘱声中……我看到了！看到了许多许多……更看到了一支祖国建设与创新的生力军在这里起步！

强化班不仅仅是强化班，ITPer们活跃于学校的各个角落，鼓舞并带动了"未来企业家俱乐部""创业协会"等等各个俱乐部，更早早地走出校园，活跃于各个"科技园区""创业孵化器"及其他高校。ITPer们在"牺牲"周末时间来上"辅修课"的同时，享有更多不寻常的自主权和自由空间：他们有权制定招新规则，自主开展招新宣传；他们自办《教务评论》，对老师评头品足；他们自主设计了班徽、班旗，自己确定了"沟通，内省，实践"的班级文化，成为"全国先进班集体标兵"十大特色班级中唯一的交叉复合特色的辅修班级。他们率先与斯坦福大学等国际一流大学开展大学生创业合作，在大中华区率先主办了"亚太区大学生创业联盟 ASSES"的年会。他们自己作词谱曲的班歌"梦与追求"不仅响彻浙江大学求是园，更被评为中国教育电视台第三届全国最美校歌……ITPer 们创造了众多的中国"第一"！ITPer 已经成为一个响亮品牌！

　　ITPer 们的另一个特质是历届学生们的超强联系和团结奋斗精神。在他们创业的公司里，在创业团队中，在他们创业公司上市敲响的钟声里……ITPer 的文化和传统在不断的发扬光大！秉承强化班的自主自强精神，本书亦是由新一届 ITPer 们完全独立采访完成。它在激情中仍透出些许的稚嫩。但是，它用纯真的视线记述了活生生的 ITPer 们生活和奋斗的真实，更渗透着相信未来的期许，我相信这群"相信的力量"！他们一定会做得比之前历届的 ITPer 们更好！

　　20 年过去，已是收获的季节！ 1000 多 ITPer 们活跃于全国各地，乃至全球各地。在北上广深和内地，在广袤的非洲创办物流公司、在"开挂"的印度创办新能源汽车公司……ITPer 们在各个行业中展露身手，仅去年就有三家公司主板上市，科创板正在迎候着更多 ITPer 们的公司……不仅在创业公司里，在大学、科研机构、政府机关、各类非赢利机构，乃至慈善机构中，均活跃着那么一批用创新创业精神在平凡的岗位上做着不寻常的有意义的事的 ITPer 们。

回首那时那景，不仅有 ITPer 们的生动身影，更有站在 ITPer 们背后的老师们浮现在我眼前……时任校长潘云鹤院士的大力倡导、张浚生书记的深切关怀、历任校长杨卫、林建华、吴朝晖的亲自授课讲座及推广、学校原教务处领导和竺可桢学院的领导们：楼程富、叶民、吴健、邱利民、葛坚、应颂敏……，更有得用打破常规的方法辛勤投入强化班教务及日常管理的老师们：陈灵犀、金一平。特别是那些牺牲周末时间，不计得失、孜孜不倦、而又殚精竭虑时时给自己加压，总是力图以创新的方法给强化班授课的老师们：陈劲、魏江、王瑞飞、郭继强、郭斌、凌春华、卢向南、李小东、寿涌毅、戚译、杜健、吴东、窦军生、王小毅、项坚、周帆、刘景江、郑刚……还有走进教室的企业家们、风投家们，以及更多的毕业校友 ITPer 们……没有他们的倾情支持和无私奉献，就没有强化班今天的活力！

青山不改，绿水长流。20 年来，本人有幸担任了"强化班"的责任教授迄今，抚今追昔，自是感慨万千！感恩于这个时代，我们以创新创业者的激情投身于这场中华民族的伟大复兴，幸甚！感恩于这群不知天高地厚、激情澎湃的 ITPer 们，你们让我们的职业生涯丰富多彩，你们让社会充满了阳光和希望，你们向更加美好的生活献出了不一般的光和热……为你们骄傲！

吴晓波

2019 年中秋，于求是园

序二

做着，做着，就想到"意义"这个事了

创新创业强化班的使命究竟是什么？我一直在思考这个问题。

我的思考，其实一直很矛盾的。比如，我希望浙大有更多学子通过创业去改变世界，但我8年前就开始担心，对创业教育这个事情，是否全社会"忽悠"过了头？我去北美、欧洲出差，经常碰到从清华、北大、复旦、交大、人大、中科大出来的一大批商学院学生，他们在做具有国际影响力的学术成果，但很少看到浙大管院出来的学生，就担心未来的管理科学家中，是否就没有了浙大的话语权？我看当下之中国管理学院，发现连所谓的顶尖商学院还在为学生能否找到工作而担心，便怀疑"这样的商学院是否该关门？"。

　　我明白，我思考的混沌，是因为我没有弄明白商学院存在的意义究竟是什么。

　　回想1998年，当时，吴晓波老师与我提出要办创新创业强化班，我那时也就是个28岁的小年轻。虽血气方刚，但思想贫瘠。稀里糊涂觉得这件事情很有意思（注意：不是意义！），就全心全意投入去做了。还真没有想到，今天这个班级不但成为浙江大学创业人才培养的金名片，还成为中国创业人才培养的标杆！

　　这本书就是成绩记录册！我是个实用主义者，看到这样的成绩还是很高兴的。但我又是个理想主义者，看到现在"运动式"创业教育，我又迷糊了！做了20年的创业教育，ITP的使命到底是什么？

　　每当我犯迷糊的时候，就去找寻先人们对于大学目的的答案。我大概最喜欢的是，我们的老校长竺可桢先生在1938年11月1日开学典礼上的那段话，那时，日本侵略我们，我们"逃"到西部一隅办学，在这样的艰难环境下，他竟然说："大学教育的目的，决不仅是造就多少专家如工程师、医生之类，而尤在乎养成公忠坚毅、能担当大任、主持风气、转移国运的领导人才。"注意，不是去培养能够有饭吃、能活着的人。呵呵！

　　那么，我就又糊涂了？难道80年后的今天，我们堂堂一流大学培养学生的目的，就是为了解决给他们解决就业？让他们学会去创业赚钱？让他们能赚钱买房娶老婆？80年前山河破碎的时候，浙大尚能培养"能担当大任、转移国运"之领导人才，今天怎么变成了培养能自己谋生的创业者？

呜呼！综观中国自有大学以来的124年以来，似乎从来没有一所大学像今天那么功利和短视的！功利到各地政府要把大学迁到荒郊野外，把城区内大学校园土地置换出来搞房地产，根本不顾及大学的社会文明功能；功利到连所谓的C9高校，竟然也把就业率作为评价大学人才培养绩效的考核指标；功利到"忽悠一夜春风来"，全国上上下下所有大学竟然都要求一夜之间都建立创业学院……我实在无语！！！

于是，我就反省，是不是我们在1999年创办ITP开了全国坏风气之先河？我就开始翻阅这个本子，里面有20年20个样本的心语（应该不是心灵鸡汤！）。他们在干什么呢？在颠覆产业结构？在改变国际格局？在改变创新路径？在颠覆商业模式？……或许他们今天做得还不够好，但他们在努力！读完后，觉得ITPers已经在参与改变我们的国家、改变这个世界了。那就证明，我们做得没有错！尽管20人，大概是强化班毕业生的千分之二十，我还是希望是火种，点燃燎原之火——做改变中国、改变世界的创业者！做基于创新的创业者！

美国著名投资人、Paypal的创始人Peter Thiel，曾经说过这样的话，"We wanted flying cars, instead we got 140 characters"。他认为，那些VC为了谋求短期快速利润，只敢投资轻量资本的创业，导致人类几十年以来在比特层面进步很大（互联网），但在原子层面进步很小（尖端

科技)。这句话用到中国的创业者身上，更加合适！而能够在原子层面能够做出进步的人会是谁呢？我相信，就在浙江大学 ITPers 身上，因为你们本来就是每个时代、每个年龄层的佼佼者，如果连 ITPers 也做不到，舍我其谁？！

当然，对于今天的年轻人，是不能太苛求的！我们年轻时，做得比本书里的年轻人要差得远啦。但我绝对相信，这批 ITPers 会做出"主持风气、转移国运"的事情来！我之所以反思，也就是为了以后走得更远！

那么，我自己又能做点什么呢？新时代，新要求，就得从新出发。作为 ITPers 的培养者，就是要创造更好的 IEEE（Innovation-based Entrepreneurship Education Ecosystem），创新出能够去改变世界格局的人才培养体系。我国著名语言学家周有光先生曾说过："全球化时代，需要从世界看中国，而不是从中国看世界。"

为什么不去继续做点有意义的事情呢？今天理当是从中国看世界的时代呀！

魏　江

2019 年 8 月 23 日晚于良渚

CONTENTS

顾莹樱｜我赋予自己信仰

钟文彬｜国内农业财经内容创业第一人

杨泱、秦旭斌｜万水泱漭，晴旭光亮

余　腾｜冷静坚毅，做教育的未来式

唐资仪｜智资以求，求是认真，一个持续学习者

易昊翔｜国奖学霸到脑科创业，谦谦君子，难得易休

蒋晓莹｜人生就像攀岩，通往顶峰的路永远没有直线

李景元｜玩转 3D 的魔术师

佟世天｜AI 时代数字广告升级的答卷人

那些年，那些事

后记

143　131　125　119　113　107　099　093　087　080　074

目录

杜江华｜自己不停奔跑时，才能卷起别人的能量　003

方　毅｜强化班 20 周年的接力与传承　010

陈艺超｜兴趣是源动力，喜欢挑战不确定　017

沈勇良｜先放眼清风彩云，再挑起雄心壮志　023

张利江｜自在随我，尽享喧嚣背后的宁静　028

王润宇｜梦与追求，高歌向前　035

林　威｜『年糕妈妈』背后，月入 8000 万的电商奇迹　041

罗佳驹｜夜幕下的思考者　046

段　威｜自始至终、孤注一掷，勇闯海外广阔天空　052

董　明｜在创业路上虎虎生威　061

蔡肖羽｜选之从己、行之不悔，求一片心中海阔天空　067

I 沟通

T 内省

P 实践

10 创新创业管理强化班（ITP）
@良渚博物馆 and 仙之谷漂流

杜 DU

江 JIANG

华 HUA

97 级第一届 ITPer
浙江大学机械电子工程专业毕业
七牛云合伙人兼执行副总裁

七牛云
国内领先的企业级云服务商
2011 年 8 月成立，2017 年 8 月完成新一轮
10 亿元融资
获工信部颁发的 CDN 牌照及云服务牌照

杜江华|
自己不停奔跑时，才能卷起别人的能量

最开始的强化班

强化班都 20 周年了。杜江华下意识地点了点头，一路走来的记忆匣子被渐渐打开。

1999 年，浙江大学首届本科学生高科技产业创新与创业管理强化班开班典礼正式举行，60 位同学怀着对未来的期待与好奇，正式成为强化班的第一届成员。

杜江华当时最大的感受是学校对于强化班非常重视。开班典礼上，身边有很多来自竺院混合班、华家池校区的优秀同学，杜江华很是兴奋。谈起当时的画面，他如数家珍："我前两天还看到照片，是当时强化班班长和校长的握手合照。"学校的认真对待换来了同学们更大的激情。

渐渐地，杜江华感受到了这个班级的与众不同。

第一堂课，老师就带着他们去到高新技术开发区参观交流。杜江华说，强化班打开了他的天窗。这种感觉很奇特，突然想象空间特别大，冥冥之中自己非常期待未来会发生什么样的事情。

如今，20 年的时光见证了这一系列悄然发生的改变，那时还停留在杜江华脑海中的畅想都化作了前行道路上有血有肉的切身经历与故事。

把不可能变成可能

杜江华从本科毕业到参与七牛云的创业这期间还有十年的时间。杜江华在国企工作了一段时间以后，开始有意识地选择偏创业类型的工作。"自己还是受到强化班教育的影响，在成熟的公司里做一个普通的执行者，这种状态我很不喜欢，但对于那些'把不可能变成可能'的事情，我就非常来劲。"

杜江华任职于万向集团时，移动互联网最早的雏形才刚刚显露，大众认知中的运营商还是传统意义上搭建通信线路的公司。2002 年万向就提出要做虚拟运营商，说要把运营商的资源做成一种能力，这种创新超前的理念着实激起了杜江华的兴致。于是，他便开始去做基于手机的增值服务模式。要知道，就算是在大公司，这些工作也都是从零开始。最后，尽管很多项目也没能逃过失败的命运，但是，杜江华从中获得了那种以自己的力量去创造和改变的快感，这让他觉得非常值得。

"其实创业的积累跟工作本身没有太大关系。创业是一种心智上的较量，我一直相信'一万小时理论'，你必须要在你的岗位或你所感兴趣的领域，服务好一万个小时，那么收获一定会非常大。正如中国传统文化中讲到的'素其位而行'。"所以，尽管没有选择直接创业，但是不论从事什么岗位的工作，杜江华始终都以创业者的姿态去思考和判断问题，心中更大的格局和认知也在逐渐形成。

此时，这位蛰伏中的潜在创业者在耐心等待一个时机的成熟。对于杜江华来说，这个转机出现在 2009 年。

"云"落地

杜江华至今还记得很清楚，那时猎头找到他问："你知道云计算吗？"

云计算这个概念对于 2009 年的杜江华来说，还很陌生。但他听说过，国内有个很有名的人叫田溯宁，他是亚信的创始人，正是他真正把第一轮的互联网基础设施带到中国。"把中国带入'云'的时代"，听到这样的信念，杜江华不免野心勃勃，抱着满满的激情："这就是我

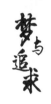

的菜。"就这样，杜江华开始投入云计算的浪潮中。又是从零开始，他们是国内最早把一个个云计算虚拟化的项目落实到企业中的一批人。

这一概念被提出后，也有很多公司打着"云"的旗号卖服务器、做产业园，却始终不能真正落地。直到在2011年底遇到"七牛TEK"，杜江华眼前一亮，内心积蓄已久的能量终于等来了时机的成熟：真正的"云"一定是走服务的模式。

于是，杜江华主动找到"七牛TEK"，而公司的其他创始人都是技术出身，他们还很犹豫：那时候在做云计算的都是阿里、亚马逊等国内外大企业，传统技术行业出身的七牛能否在竞争残酷的互联网领域打出一片创业天地？

面对质疑，杜江华的回答干脆利落："我当时就带了投名状去，那时七牛的域名还是'qiniutek.com'，公司已经花了半年想要'qiniu.com'的域名，都没有成功打动所有者。如果我可以带着域名过来，我就加入公司。"这样的自信源于他自己一直以来所积累的对行业的深刻认知，他坚信七牛可以在生态中做一个小而美的服务，创造更大的价值。

最后，杜江华用一个月就完成了这件事，七牛云这一沿用至今的名字由此产生。同时，他也在过程中找到了自己在七牛中的定位，在创始团队主攻技术方向的情况下，他为早期的团队建立起了非常强的精神信念。

"哪怕不给钱，我也去。"骨子里的创业精神就在此时彻底爆发出来。

沉淀，而后开放

从创立到现在，七牛云已经走过了 7 年。杜江华表示，公司一直还是创业的状态，争取能够有"上岸"的机会，有更好的平台，做更大的事情。他与我们开玩笑说"七年之痒"，不论是融资、人力管理，还是高速运转下的目标建立，都会遇到大大小小的挑战。但是，"一旦选择了创业这条路，一定是停不下来的。"

回望自己在创业中所遇到的困难，杜江华说，还是要感谢强化班。

"当时自己没有感觉，真正从创业来看，强化班的理念是很超前的。比如像国内的风险投资，最近八九年才真正流行起来。这些都是我们当时在受教育的时候，强化班教过的。"七牛云的种子客户就来源于天使投资机构的客户，这对初创的七牛意义重大。"所以，强化班最终带给我最有价值的是沉淀下来的方法论。"知识有可能过时，但强化班创业的理念早已扎根在杜江华的心中。

从那以后，不论是浙大校友创业大赛，还是强化班自己的年会，甚至是班歌《梦与追求》MV 的录制，我们都能看见杜江华的身影。他说："强化班是一个载体，它具有仪式感，能让大家聚在一起，结交一些志同道合的朋友，这是最关键的。"

作为首届强化班成员，谈起强化班的同学，杜江华脑海中浮现出

很多故事，方毅、杨泆、陈艺超、王润宇等强化班创业者的名字，杜江华脱口而出："虽然我年级最高，但我没有这么想，我觉得互联网的本质就是开放，有机会连接大家是自己的福分。"

为何公司取名七牛呢？杜江华说，"七"是"吉祥"和"多"，"牛"是"勤奋、靠谱"，同时也是牛人的意思，他们希望越来越多勤奋靠谱、具有创业精神的牛人加入七牛云，在持续的创业中寻求创造和改变的可能。

杜江华在自己的创业之路上不停奔跑向前，但他深知一个人的力量是非常有限的。感谢他！他的奔跑必将激励其他年轻人，赋予其更多的能量。

采访／整理：徐昳潇

方 FANG

毅 YI

99 级 ITPer
个推（浙江每日互动网络科技股份有限公司）创始人
兼 CEO
杭州创业杰出人才代表，浙江省首届大学生创业之星

个推
专业的数据智能服务商
成立于 2010 年 12 月
以数据为核心，以技术为引擎
为各行业提供大数据解决方案
国内第三方推送市场的早期开拓者
2019 年 3 月 25 日，深交所 A 股上市

方毅|
强化班20周年的接力与传承

　　方毅，ITP 的代表人物之一，作为 99 级强化班班长，他为强化班的建设打下了坚实的基础；身为强化人，他在创业的道路上为每一位强化班成员做出榜样。在强化班，同学们都亲切地称他为"方老大"。

　　在每日互动 IPO 项目过会不久，方毅便在百忙之中邀请刚刚进入强化班的成员们来到他的公司，让同学们感受独特的创业公司文化。他以学长和创业者的身份，为同学们教授在强化班的第一堂课。聊起创业，其中的经验体悟引人深思；谈到强化班，各种奇闻轶事也让大家备感家的温暖。一直以来，方毅都是这样。作为强化班的领头羊，他也不断以此鞭策自己，带领强化班的生力军们在创业的道路上跑得更快、更稳。

强化班是强化人交织在一起的家

时间倒回至 20 年前，强化班作为国内最早的"未来企业家培育工程"异军突起，同学们和老师们都默默地耕耘并期待着这片未来的创业热土。

在强化班前两届的基础上，99 级 ITPer 们接过这份薪火，强化班的文化种子也逐渐发芽。方毅回忆起同学们共同奋斗的点点滴滴，历历在目，如数家珍：

六字班训谨记在心——沟通、内省、实践。

创赛答辩时教七门口的横幅——强化班的同学们加油啊！

毕业典礼上的那一句——请务必比我们做得更好！

短短三句口号，在 20 年的强化人心中有着沉甸甸的分量。强化班成长过程中的累累硕果，也离不开每一位强化人的担当与热情。

对于班级内建，强化班每个成员都以主人的姿态出谋划策，他们会为了制度的建设而争论得面红耳赤，初心却都是希望强化班更好。方毅回忆道，当时强化班的交流平台还是浙大校内论坛飘渺水云间 BrainStorm 板块，"现在听起来有些古老，你们可能都不知道，但它对于我们的意义不仅于此。"这是强化班曾长期沿用的专用版面，强化人经常在版面上开展激烈深刻的大讨论。当时的论坛版块是强化班成长

的缩影，虽然如今看来网页的设计简单，其中却蕴藏着强化班成长过程中所孕育出的思想，可谓强化人的精神家园，在时光中永不褪色。

强化班最初虽有老师们的理念引导和知识传授，但最终的班级事务和班级建设却是由同学们自行主导。课程教学在强化班中从来不是单向的。令方毅印象深刻的是，对于一些较为枯燥的课程，大家会自发讨论学习，在课堂上诞生了一个个精彩的案例讨论。同学们还会表达对教学内容、方式、考核等各种细节方面的意见，装订成一本本《教务评论》，主动向老师反馈教学情况。

为了吸引更多优秀人才来到强化班，他们展开地毯式的招生宣传，"每一校区、每一专业都能知道 ITP 的相关信息，就是为了让更多的人知道与了解强化班。"而强化班的这种报名面试流程也被当时的强化人带到了很多社团组织中。

ITP 之于方毅，之于每一个 99 级 ITPer，绝不是一个上完课就走的辅修班，而是把每个人交织在一起的家。在这里奋斗，每一滴汗水都能换来意想不到的收获。

专注创业终成正果

方毅的创业之路并不是一番坦途。他从研究生时期正式创业，到 2019 年个推成功上市，在 14 年的连续创业历程中，两次掉进"坑"里。

2005 年，他和小伙伴研发了一款自动备份手机通信录的移动电源"备备"。这款拥有十多项国家专利的设备，使他们的创业走向第一个春天。但互联网创业，收益大，风险也大，被替代被颠覆的事随时发生，考虑到创新产品的风险管控、规模化和硬件更新换代等问题，2011 年他将"备备"卖给了百度。

一个小趣闻在此时发生。2009 年，方毅参加央视举行的创业大赛，他的导师是李彦宏，马云则是一个叫王小帮的年轻人的导师。两年后，百度收购了他的"备备"；而马云带领团队在纽交所敲钟的照片中，那个拎着白布袋的人就是当年的王小帮。方毅相信，人和人之间有奇妙的缘分。

后来的故事方毅已经在各个场合讲述过，但他不厌其烦，还自我调侃："我们成功地找到了错误的方法！"这番心态下，每一次"失败"都是丰富日后自己成功的宝贵经验，他也都乐于与大家分享。

2011 年推出的"个信"通过流量来免费发送短信，这可能是通信领域早于微信、看似最有希望的行业老大。"但我们遇上微信的崛起，和通信巨头发生直接竞争。我们当时产品对于发展趋势判断产生偏差，这对我们非常不利。"

"转型期，焦躁、纠结……"放弃"个信"的背后是方毅及其团队的深思熟虑和胆略魄力。同时，正因为方毅在创业的过程中一直都和核心团队保持着良好的沟通，让他们时刻知道公司的发展以及将要面

临的机遇和挑战，所以在决定放弃时，团队依旧具有良好的凝聚力和动力。这位连续创业者在一次次的"失败"中，终于找到了合适的方向——个推，它如今已是国内第三方推送市场的王牌领导者，专为企业和开发者提供专业、高效、稳定的推送技术服务。2019年3月25日，个推登陆深交所创业板，成为数据智能A股上市公司。

创业过程中的艰辛忙碌难以想象，在学生时代和连续创业阶段，对于如何同时处理好各种事务，方毅也有着自己的心得："我会给自己在每个阶段列出必须要做成的事情（the must-win battle），定下了就不去变更它，专注、坚定地予以完成。"

互联网创业信息量大，变化极其迅速，方毅需要将自己放在不断交流更新的频道上。方毅和同为竺可桢学院毕业的夫人张洁发起"涌泉-华旦基金"，因为他们一直记着自己在创业路上受到的各种帮助，也希望留出自己的时间和投资，来帮助更多创业企业的孵化与成长。

永葆童心，活出几倍精彩人生

多年组建领导团队的经历也让方毅学会"剪枝"，该授权时就让团队来共同分担，共同奋斗。"永远不把自己装得太满，人的精力毕竟是有限的，张弛有度才能持久续航。"所以他能游刃有余地在生活与工作中切换，活出几倍的精彩人生。

方毅还是朋友圈中最活跃的一分子，并经常有独道的见解。他不再是那个高高在上日理万机的老板，而是朋友圈里精心设计自己名片的大艺术家，是每年元旦带着亲友回母校参加音乐会的赤子，是才思敏捷的时事评论家。

有趣的灵魂让人更加好奇他的心境："最重要的就是永葆童心！"生活多彩，方毅愿意去玩儿、去探索，就总能挤出碎片时间去感受这份简单的快乐，用碎片信息为自己补给能量与知识。

对于强化班成员而言，方毅是打开强化班大门的一把钥匙；对于诸多创业者而言，方毅的连续创业历程是一种经验和鼓励。愿多年后回头看时，强化班的璀璨星光还依然在传承与发扬，创业者心中也仍满怀着创业最初的那份热忱与信心，勇敢前行。

采访 / 整理：徐甜 徐昳潇 杨钊

陈　CHEN

艺　YI

超　CHAO

01 级 ITPer
前泛城科技副总裁
游戏多（游戏媒体第一股）董事长、薇龙文化创始人
曾获得中国优秀策划师 50 强，2015 年度中国游戏十大
风云人物、中国 35 位 35 岁以下杰出创业者等称号

陈艺超|
兴趣是源动力，喜欢挑战不确定

音乐带来的宝贵财富

提起 ITP 朗朗上口的班歌《梦与追求》，肯定离不开一位 ITPer——陈艺超，这首歌是他和另一位 ITPer 王润宇共同谱曲创作的。班歌写尽了少年的意气风发，是 ITP 一脉相承的激情与勇气，也是陈艺超永不停息的梦与追求。

陈艺超出生于音乐世家，自幼便学习钢琴。也许在他人看来，陈艺超是聚光灯下风光无限的音乐才子，但是只有他自己知道，日复一日的钢琴练习是怎样磨砺了他的意志，培养了他能吃苦和能坚持的特点，而四岁起就有了登台演出的机会也带给了他非常好的心理素质和极强的自信心。

　　人生初期形成的这些特质对陈艺超影响很大。他在保持优异成绩的同时，在兴趣社团、社会工作方面大施拳脚：他担任过学校学生会的主席，一手策划了很多大型的活动；他不忘自己的艺术梦想，担任校艺术团学生团长，并组建了在浙江大学红极一时的沸冰乐队；他代表浙江大学出访美国联合国总部和知名高校；他率领团队获得创业大赛全国金奖；他还没毕业就走上了创业之路，不断突破创新和挑战不确定性，将生活过得充满激情。

　　其中，沸冰乐队对陈艺超而言是一个很特别的存在。它不仅是陈艺超和好友一手组建的，更是一个曾创造过历史的团体。乐队的每一个人都热爱音乐与生活，会为了歌曲的每个细节去争论，也会齐心协力大汗淋漓地搬着乐器往返于各个校区之间。在这里，能真正很放松、毫无顾虑地畅所欲言、嬉笑怒骂、绽放光彩。乐队带给陈艺超的不仅是能力、友谊，年少梦想的实现，更是锻炼他走向成熟。

兴趣是成长的源动力

　　陈艺超的大学时代符合每一个人对青春的期待，灿烂而充实。而大三加入强化班，也无疑成了他人生中一个重要的时间点。

　　最初报名强化班，陈艺超正是凭借自己"爱折腾"的本性，去尝试深入这个圈子看一看。陈艺超说，强化班带给他的不只是二维的知识，而是把他提升到了一个更高的平台去看世界，看周围的人和事。

强化班也让他结识了来自各个专业的优秀的同学，大家一起碰撞出新的火花。同时，他收获了创新创业的知识，从懵懂无知、横冲直撞到坚定信念、把握机遇，强化班激发了他身上的创新创造的潜能，也让他对自己的目标有了更清楚的认识：一路连续创业,创造行业辉煌。

陈艺超也由此真正设定了突破自我，不走寻常路，挑战不确定性的人生目标："强化班最大的影响是在我心中埋下了一颗要去创业的种子，慢慢孕育，慢慢发芽长大。"

创业是一种生活状态

如果说大学时期是不断试错的大好机会，那么在逐渐认清自己之后，如何选择才是人生的关键。

大学生活让陈艺超认识到自己血液中的不安分因子，一路的锻炼也让他羽翼渐丰，有能力与胆识去追求未知。因此，"对不确定性的追求让我没毕业就选择走上创业的路。"

凭着兴趣的驱动与创业激情，陈艺超在游戏与媒体领域打拼出自己的一番天地。在十多年的创业时间里，他收获无数荣誉，作为连续创业者，把一个又一个自己创办的企业带到了行业的巅峰。已完成公司上市的他，如今把创业当成一种生活状态，他笑着说强化班的人都

停不下来，爱折腾，所以他享受这种不断突破的创业状态。而他从自身最擅长的领域寻找突破口，提高自己的核心竞争力，不在错误的方向上做无用功，这也是他将人生过得热气腾腾的秘诀。

创业了就不要轻言放弃

在充满挑战的人生中，陈艺超也有遇到过各种各样的挫折。在创业状态蒸蒸日上的阶段，陈艺超公司曾投入过一笔大项目，"当时公司正处于指数增长的阶段，我们就觉得小的项目已经匹配不上我们的发展目标，要去争更大的市场，才能满足公司更高市值的增长要求。"但最后，他们却因为市场的变化和后期资金跟不上而亏损巨大。这一创业的经历也让陈艺超自我反思。突如其来的大的机会虽然很有诱惑力，但并不应该盲目地追求。相比之下，从小处着手，做精做专，一步一个脚印，慢慢建立护城河并逐步做大，才是更明智的选择。

创业表面的光鲜无法掩盖背后的压力。创业十多年来，陈艺超经历过乘风而上的红利期，也体验过寒冬期的艰难处境，用他的话讲自己是一个经历过完整经济周期和行业周期的创业者。

最开始创业的陈艺超，有着"初生牛犊不怕虎"的创业精神，兵来将挡，水来土掩。但是随着他对经营企业认识的不断深入，他开始更多地关注趋势和审视自我，并根据趋势和市场的判断调整自己的脚步和方向。在他看来，创业的过程应该呈现为一条振荡上升的曲线，不太可能表现为持续的攀升和稳定的增长。正如在他创业的前十年，由于互联网的飞速发展和国内游戏产业的发展，他所在的游戏行业得到了非常迅猛的发展，企业也是连续多年高速增长。但当行业红利消失并且遇到寒冬期时，就要主动寻求改变和突破。

无论是个人还是企业，没有谁能永远走上坡路。而遇到天花板时，最重要的就是"不轻言放弃和寻求突破"。陈艺超见过很多企业发展到很大了，仍旧没有丝毫松懈，即使市场发生了变化，他们也能够通过自我调整寻找到新的增长点；也见过很多企业猛然崛起，但却很快轰然倒塌，退出历史舞台。

成败并不完全取决于是否放弃，但这一因素不容忽视。正视失败，不要轻言放弃，陈艺超相信，只要内心的火焰不灭，是金子总会有发光之时。如果换一个视角，将一段振荡调整期放在整个人生的长度中看，可能就是"天将降大任于斯人也"，坎坷的经历何尝不是一种财富呢？如今的陈艺超，正怀揣着这些宝贵财富，向更高的目标攀登。

整理／采访：徐甜

沈 SHEN

勇 YONG

良 LIANG

01 级 ITPer
CMG 茶马古道创始人及 CEO

CMG 茶马古道
一家电子商务代运营服务商
致力于提供家居生活类多渠道电子商务技
术及增值运营服务

沈勇良|
先放眼清风彩云，再挑起雄心壮志

　　见到沈勇良的时候，上海华灯初上，夜幕缓缓降临。采访在他的办公室里进行，他穿着灰色毛衣和牛仔裤，十分随和，笑着说："不用拘谨，大家喝茶聊聊天，不算采访。"气氛在亲切而幽默的话语中活跃起来。

　　若非亲眼所见，实在难以想象，沉稳持重的他，却有着一个爱折腾的灵魂。沈勇良刚入大学，就包下了杭州某电脑城的戴尔电脑直销摊位，瞒着自己新生的身份，招了一批师兄在摊位工作，大一就实现了财务自由。在 IBM 中国工作了 6 年后，沈勇良却在 2009 年年底放弃升职机会，掏出自己的积蓄注册了茶马古道。

　　那年正值沈勇良 30 岁"而立之年"，他在圣诞节前后，完成了开公司和结婚这两件人生大事。关于这个重要的时间节点，沈勇良如是

说道："我给自己的目标是 30 岁要定性，不再频繁换跑道。但 20 几岁大好青春，不要想得那么功利，趁年轻的时候多走走，寻找自我。"

诗酒趁年华

沈勇良经常出去旅游。在学生时代就曾去希腊穷游，在意大利、西班牙、葡萄牙、法国等国都留下过足迹。他还走过滇藏线、川藏线和青藏线，认识了很多朋友，甚至有两个朋友到现在仍然还有联系。

谈及去希腊穷游打工时的有趣经历，沈勇良不由得露出笑容，仿佛那年欧洲的惬意阳光又映射在他的眼眸。"那时的生活十分闲适，早上八九点钟上班，下午两点下班，晚上九点左右天才黑。"希腊的文艺气息特别浓厚，他几乎每天都去参观博物馆，常常看流浪狗打群架、用竹竿戳墨鱼，去巴特农神庙散步，还曾从那里捡到一只乌龟，养了一个多月，临回国前才放生。甚至有次去圣托里尼岛，回来时错过了轮船，他索性在岛上过了一夜，"把身体埋进黑沙滩里，特别暖和"。

沈勇良还曾在拉萨一所特殊学校，遇见校长带着三位老师，靠卖学生做的手工艺品来抚养一百多个学生，这些孩子都是由于智力或其他问题而被遗弃的孤儿，他们还曾来上海参加特殊奥运会。

他认为，不论是出去旅游还是其他方式，开眼界是个很重要的事情。有些东西，虽然不是自己喜欢的，但要看到其未来的前景。"井底观天、连外面都没有看到过，又谈何选择呢？"

靠历练想清楚自己要什么

曾一毕业就进了世界 500 强，工作体面、收入尚佳；也曾创业时大夏天坐三轮车蹦跶去顺德的家具厂……历尽千帆后，沈勇良说，"经历过大喜大悲，才能想清楚自己想要什么。虽然每一个时刻都很艰难，但每一个时刻也都让人很有成就感。"

无论是不断修正茶马古道的定位，还是拓展销售方式、发货，甚至连小小的包装盒，沈勇良也交过很多学费。按沈勇良的形容，自己的创业路就是"大方向的成功和日常生活中无数的小错误"。但是，方向最重要，"小错误可以缓过气来，大方向错了就是不归路，最终必然是死路。"

谈及当时在 ITP 的日子，沈勇良笑着回忆道："学习到了很多知识，为现在的创业打下了坚实的基础。"一般来讲，创业者都是雄心壮志想做伟大的事业，但现实告诉我们，第一步往往都很渺小，很不起眼。虽然生活中的不少细节，都与当初设想的不同，但当时所有跟老师和同学们共处的时光，不论多少年后回想起来，依然如玦月，为人生的暗夜铺满温柔的纱。

在创业的过程中，虽然一路跌撞，但仍不断前行，这很多时候都

源于自我驱动和自我暗示。有很多兴趣爱好是长在骨子里的，所以，他想对学弟学妹们说，最重要的还是发觉内心喜欢什么，发现自己的兴趣，并尊重自己的爱好。先去看清自己，再去看清局势。一个人只有足够清醒，才能完全掌控自己的欲望。

谈及令人闻之色变的经济危机，沈勇良却十分平静。经济危机本身并不可怕，甚至有时候反过来，经济最不好的时候才有最好的机会，重点是能不能去掉浮躁，拨开迷雾，透过现象看到本质。沈勇良认为，规模大小不重要，喜欢就好。创业最痛苦的，还是不温不火、不死不活。"不行就关掉重新再来"，他豪迈挥手笑道。但请注意，重点不是"不行就关掉"，而是"重新再来"。

"如果真的喜欢一件事情，就要抛开虚荣、赞赏和批评，抛开世人的眼光，不受外界正反馈或负反馈的干扰，'举世誉之而不加劝，举世非之而不加沮'，甚至是不是创业也不是关键，关键是能不能钻深钻透，弄清楚内心渴望什么。不要人云亦云，要有自己的独到见解。"

采访／整理：田雨荷

张 ZHANG

利 LI

江 JIANG

01 级 ITPer
浙大 MBA 硕士
浙江大学 MBA 研究生校友导师
原阿里巴巴商业搜索产品负责人
中国银联大数据子公司银联智惠副总裁
有数金服创始人兼 CEO
拥有 10 年互联网及大数据从业经验

张利江 |
自在随我，尽享喧嚣背后的宁静

"没有约束就是最大的约束，你需要有更强的自律精神，要是自己停下来了，懒了，公司就停下来了，散了。

当天，路演活动结束后，张利江徐徐向我们走来。浅色衬衫、细银框眼镜，干练中透着不失儒雅的亲和感。

小试牛刀，初露锋芒

早在上大学之前，张利江就萌生了创业的想法，立志成为一名成功的企业家。大一的暑假，张利江便开始了第一次"创业"实践。作为组织者，他召集几位志同道合的朋友一起开设了辅导班。仅仅一个暑假的时间，每人盈利近万元。那时，作为准创业者的他已初露锋芒。

大二，张利江加入了ITP（时称高新技术创业与创新管理强化班）。"我相信，拥有'高新技术'的创新创业才是未来可持续发展的方向。"在ITP得到的历练使他变得更加自信，也有了敢于创新的勇气和不懈奋斗的意志。他打破了自己给自己设置的天花板。

原来，"我"可以做得更好

提到人生道路的选择，张利江直言，"对产品、运营抑或技术岗位的选择到最后都不如一个人的品质重要。越往后，工作、生活所要求的能力会越来越脱离某一个具体专业的技能，个人品性、视界、格局则往往举足轻重。"没有必要在刚开始就过于纠结，机会总要多去发掘，路总要多去尝试，才能鉴别自己是否真的适合所选的路径。

这些"人生法则"都为张利江积累了创业知识与经验，也让他明确了先就业再创业的目标。

脚踏实地，积微成著

本科毕业后，张利江选择了在互联网创业公司担任产品经理。在创业公司中，他接触到了公司的核心部分。两年后，他在阿里巴巴担任商业搜索产品负责人，成为这个岗位上最早的拓荒者。

在阿里巴巴任职期间，张利江又再次回到浙江大学攻读MBA。他

提到，"MBA的许多课程同ITP上过的课相似，不同的是身边的同学变了，我也变了，我的人生经历、阅历，看待事物的角度已不同于当年。"

读书百遍，其义自见。在不同的场合去感悟、领悟，结合自己的实践回顾思考，张利江有了新的认知："在MBA上课，能够遇到本科熟悉的ITP的老师，也感觉非常温暖。"

2012年年底，张利江加入了中国银联，在职场道路上继续探索，出任中国银联大数据子公司银联智慧副总裁，负责银联智惠产品运营、项目管理及市场开拓，成为中国银联体系内最年轻的副总裁。

这些工作经历，都为张利江奠定了扎实的创业基础。

顺风而呼，勇立潮头

随着商事制度改革，信用社会体系的打造，政务数据不断公开，张利江看到了机会，他决定去实现自己最初的创业梦想。

"其实，创业什么时候都可以做，但最重要的是把握时机。"

2015年，他从"大数据企业征信"方向切入，创立了杭州有数金融信息服务有限公司。他搭建的有数征信平台以独有的数据模型及展示方法，建立"互联网＋大数据"征信体系，服务于银行等各类金融机构客户，应用于金融信贷、风险控制、项目尽调、商业合作等各类场景。

张利江终于站到了CEO的高度，但他，依然在不断往上走。"做副总裁与 CEO 最大的差别是做 CEO 需要有更多自我约束。成为 CEO 后，无路可退，必须要对团队负责，担当起公司的底线。"他也提到，没有约束就是最大的约束，"你需要有更强的自律精神，要是自己停下来了，懒了，公司就停下来了，散了"。"同时，自己创业后，看问题的视角、专注的方面也不一样，更多地是站在整体战略的角度思考公司的发展前景。"

关于合伙人，张利江提到，公司的技术合伙人与自己在 1998 年认识，创业前已经认识了 17 年。"找一个能让自己放心的人，需要长时间的磨合和熟悉。"张利江反复强调了团队的重要性，"创业，最大的价值，最有价值的产出，就是人；有数金服现在已经形成了合伙人团队，一群人相互信任在一起，是最重要的。"

就这样，他找到了互有默契的合伙人，建立了一个相互信任的核心团队，"我相信这会是公司应对市场、环境、客户等各大问题的坚强后盾。还有一点是要扛得住压力。"

创业过程中，身为 CEO 的他会感受到来自各方的压力，时常会梦到讨论工作问题。面对巨大的压力，张利江通过运动、阅读不断调整心境。"工作能够逐级自上而下分解，但是工作压力不能。我必须考虑到合伙人和下属的感受。"

顺风而呼，勇立潮头。张利江在创业的道路上身体力行，一往无前。

采访 / 整理：郑艺佳

强化班的同学加油啊

I T P

王　WANG

润　RUN

宇　YU

02 级 ITPer
毕业后先在欧莱雅（中国）MT 工作
后在泛城科技从事游戏开发和公司管理
参与孵化快的打车
2016 年底开始自己创业
成立杭州靓音科技有限公司

王润宇 |
梦与追求，高歌向前

"我特别希望暴露一些很真实的东西给你们，因为我就是这么成长的。我觉得这就是生活。"

和音乐相遇，遇见你的最美青春

王润宇与音乐的缘分，从踏入浙大的那一刻开始，就疯狂地生根发芽。在浙大的四年，王润宇就和陈艺超一起组建了"沸冰乐队"，开始了音乐创作。作为 ITP 班歌《梦与追求》的创作者之一，他向我们分享了这首勾起无数 ITPers 回忆的歌的背后的故事。

"'你认为自己能为强化班带来什么？'我还记得面试的时候老师问了我这样一个问题，'我能做一件前人与后人都做不了的事，我可以

为这个班写一首班歌。'"

王润宇花了一周的时间写出小样，也去搜集了属于许多 ITPers 共同的故事，他走访了许多校友，请教了不少老师，其间获得了不少歌词创作的灵感。

经过一遍一遍反复的修改，不断地演唱，不停地翻新，最终成就了这首专属 ITP 的歌。也因为 ITP 的班歌，学校老师找到了他，希望他能创作一首属于浙大的歌，《最美青春遇见你》由此诞生。有着自小在浙大校园成长的亲身经历，王润宇对学校的感情较别人而言或许更深一层，他用七句歌词概括了七个校区，同时也把自己从小的所见所闻所感在歌里向我们娓娓道来。"整个春节，我在家里闭门不出作曲，仅仅副歌的方案就丢掉了三十多个，主歌的方案更是高达五六十个。"王润宇说，这首歌是他花时间最多的一首，同时也是最满意的一部作品。

天赋和努力，一起铸就了如今的《最美青春遇见你》。

很多人说，他成就了 ITP 班级文化，但他却说，不是他成就了班级文化，而是他让这个班级文化多了一种不一样的东西，让这个班级的文化传播可以变得更加立体。

和恐惧携手，了解你的真实世界

"极限运动，能让自己更好地认识自己。"王润宇给我们分享了两个小故事，参加马拉松和游钱塘江。一个热爱运动、热衷于生活的形象跃然纸上。

"在我工作第四年的时候，我不喜欢我的状态。于是就报名一个马拉松。然后我就去做了，最后很顺利地完成，速度也比我想象的要快很多。这次马拉松改变了我的认知。"

如果想认识真实的自己，就去面对最深的恐惧和质疑。

"极限运动是我找到的一种场景。"那个时候具体的思考会非常简单，发自内心的求生欲涌上心头。"这时候你突然会发现，你不再是那个原来认识的自己，那些你在意的功成名就都不重要，你只想活下去。"想象一下，当你和你的同伴一起去登珠峰，面对生和死的时候，马上能看出自己到底是一个自私的人，还是真正有爱的人。这个时候或许很残酷，但会提醒你，原来曾经心目中给自己划定的成功，根本不重要。你才能真正理解"自信"这两个字是什么意思。

一个人只有能直面自己最深的恐惧，才能获得真正的成功。

与创业相拥，发现你的潜力无限

王润宇从浙大毕业后先去了上海，进了一家知名外企。工作三年以后他发现，越是成熟的企业越是按部就班，自有一套规则，而他能做的除了适应别无选择。后来陈伟星（泛城科技创始人，也是快的打车的创始人之一）邀请他共同创业，随后他又开始尝试游戏行业，再后来，就有了现在的"习音堂"。

"有没有想过，如果创业失败怎么办？"

"创业的本源与使命，就是把管理多样性表演好，潜力无限，也别问成败。"

这个多样性，我们现在才真正地理解，无论商业经济还是自然的发展，最终它能向前走，就因为它丰富。只有丰富，才有选择的可能，进而才能向前。"所以创业者内心真正的使命是去为这个社会增加一份多样性，可能最后大部分项目都会死掉，但是如果今天你没有出现过，就不可能被这个自然所选择。"他笑着说。

管理的多样性对于创业而言至关重要。在如今的商业大环境中，是否有幸赶上风口至关重要，但是即使失败也可以再来一次。

创业的想法其实是你对未来世界的一种理解。

每一个创业者都是用今天自己的公司去跟未来做一次对话，用公司和商业行为去告诉这个世界，心目当中的未来是这个样子，而不是别人口中的那个样子。

"当然有 99% 的可能是我们错了，但是无所畏惧。"王润宇说。创业者的人生精彩而富有激情，同时艰难且孤独，无畏成了这条路上最大的动力。

"随着时光的推移，越发感受到母校浙大的优秀，作为浙大校友的自豪感一直伴随自己左右，而且这种自豪感从口号和激动的心情已转变为内心的一种坚定信念，会不断鼓励、支持自己在人生道路上勇往直前。"

在创业这一条路上，或许王润宇会一举成功，或许他会成为一个连续创业者，又或许像他说的，创业就是无数次螺旋式上升，一切皆有可能。但是我们坚信，无论如何，努力向前，是我们不变的追求。

采访 / 整理：黄舒婷

林 威　LIN WEI

03 级 ITPer
杭州智聪网络科技有限公司 CEO
年糕妈妈创始人

年糕妈妈
一个母婴亲子公众平台
为数十万妈妈提供靠谱、易懂、
接地气的科学育儿资讯

林威|

"年糕妈妈"背后，月入8000万的电商奇迹

简洁明快的水蓝墙面、自由轻松的办公氛围，这是"年糕妈妈"办公区给我的第一感受。

亦如林威给我们的印象：儒雅的外表辅以"不安分"的内心，在育儿公众号的红海中开出一条道路，睿智、灵动。

儒雅的背后，是一颗不安分的内心

采访时，林威一袭职业正装，话语温和而有力，微笑的弧度总是恰到好处。若不是早已做足了功课，或许我们会以为他是某位大公司的资深白领，绝对想不到，他是育儿公众号"年糕妈妈"背后年轻有为的CEO。

　　林威与妻子李丹阳在浙大的一门体育课上结缘，随后自然地相恋、结婚，在 2014 年诞下了爱情的结晶。因为怀孕时妈妈总爱吃年糕，故给宝宝取名为"年糕"。

　　同年 7 月，李丹阳创办了育儿公众号"年糕妈妈"。凭着浙大医学院本硕出身的过硬本领，"年糕妈妈"吸引了众多有刚性育儿需求且重视育儿科学性的父母的关注；凭借一腔对新媒体的热爱，李丹阳已经坚持了三年，一篇篇"10 万 +"阅读量的育儿文在新手爸妈的朋友圈里被转得火热。

　　林威也在"年糕妈妈"公众号从新媒体的红海中初露头角后，辞去了宝洁公司华东区域供应链总监的职位，专职与妻子共同运营这个新媒体电商平台。年糕妈妈李丹阳专注内容，林威运营电商，两人相濡以沫、相得益彰。

　　其实，林威在大学期间就显露出了他的"不安分"特质。大一时，他就做起了家教中介的服务——对外在都市快报、钱江晚报发放广告，对内招募找愿意做家教的学生。因为"业务繁忙"，还创意性地将隔壁寝室的电话用超长的电话线接了过来。除了创业，林威在大学期间还在通用电气、娃哈哈、聚光科技等公司做过实习，并获得过浙江省创业大赛的特等奖。不安分、不收敛的性格，也许在那时就注定了林威如今的人生走向。

永远做更好的自己

在不安分、不收敛的背后，林威还有着对人生世事敏锐的观察与审慎的思考。

在访谈过程中，林威提到了自己对行业选择的思考："不管是在选专业，还是选择职业、公司的时候，我们都要选择有上行趋势的行业，而非走下坡路的夕阳产业。"同时，作为世界前五百强公司的华东区供应链总监和如今新媒体转型电商创业的CEO，林威为我们分享了不同职业选择的感受："在大公司，你是一颗只管自己一亩三分地的螺丝钉，但你体验到的是健全的公司体制。180年的宝洁，其制度完善到了一个很难想象的地步，光仓库物流的SOP（standard operating procedure，标准作业程序）就有几十个。但自己创业后，从公司业务上的销售、采购、物流、市场推广、编辑，到公司管理上的法务、公关、人事，事无巨细，全都要自己去摸索学习。"

在这样一种职业转型中，林威很好地适应了这样一种角色，这一定程度上也要归功于他不断学习的心态。在各大采访中，年糕妈妈在毕业后"毅然放弃医学相关的工作，追求自己向往的新媒体工作"常常被作为追寻本心的典型被提起，而李丹阳也坦言林威在她心态转变中提供了不可或缺的帮助和支持。

时时审视自我，审视世界，并通过实际行动追寻内心，林威做到了枕冰而思，浴火而行，并将这样一种信仰传递给他人。

独特定位，"年糕"品牌

传统的公众号一般以广告为主要收入，但林威认为，所见即可买才是"年糕妈妈"的宗旨，同时也是一种想象空间更大的商业模式。

2016年初，开始有人来找"年糕妈妈"谈商业合作，在一次与校友的合作中，年糕爸妈敏锐地嗅出了公众号的商业化潜力。2016年7—8月期间，张泉灵女士找到他们，说服了起初不愿意接受商业资本的他们，并注入了第一笔投资，如今造就了这样一个育儿公众号的商业奇迹。

目前，"年糕妈妈"已经积累了千万的粉丝，成为了母婴垂直领域传播量第一名的公众号。在2016年双十一期间，"糕妈优选"录得8000万，成为微信自营电商第一。如今，"年糕妈妈"塑造了一种专属于自己的复合商业模式——新媒体＋教育机构＋电商＋自有商品品牌，四位一体，既不同于传统电商，也不属于传统媒体、教育机构的任一方，并树立了自己独有的"年糕"品牌。

采访／整理：查玥

罗 LUO

佳 JIA

驹 JU

03 级 ITPer
浙江大学信息工程专业
泛城科技 / 小美快购联合创始人
学智教育 / PandaABC 创始人

罗佳驹|
夜幕下的思考者

永远不能用一样的言语去刻画不同的人，就像他，23 点夜幕下的思考者，两次约见，听他不徐不疾，道出理性客观，道出感性真实。

行于逻辑之上，理性是他

夜幕下的思考者，是他的真实写照。

思维争辩是他一贯的爱好和习惯。作为 03 级"老人"，多项班级制度的推进人，罗佳驹对 ITP 的回忆中最深的一部分就是深夜里和几个班委对班级定位、班级制度的思考与讨论。这样的思考下，以培养创业型人才为目标的班级定位由此为始，传承至今的 family 制度也由此诞生。

"一直有这样的习惯，从 ITP 到创业，针对一个问题不断去寻找解决方法，找到了之后也会不断演算，不断进行自我怀疑和自我逻辑的修正。"思考成瘾，习惯在深夜思考，每天晚上 11 点到凌晨的两三点，是他最高效的思考时间。

"个人优势在于对一个问题的审视不会只看下一步，而往往会思考八到十步"。大学期间曾获得"求是杯"辩论赛一等奖和最佳辩手，最后一场辩论赛打完，他却毅然退出，"辩论赛锻炼的是自圆其说的能力，很容易有成就感，让人陷入逻辑自恰中，这种能力的锻炼对于问题解决是无益的"，放下"最佳辩手"的光环，是他思考百步之后，对真实自我进行判断的基础上做出选择。

目前所做的少儿英语教育，市场竞品众多，但缜密的判断让他能够找到同行的不足，进一步发现市场痛点。针对"L1 ~ L3"开发线上视频，成本低，受众面广，同时有推广引流作用；引入 ET（English thinking）课程，营造全方位的英文环境。他一直不停地思考着，不断地从横向、纵向去扩充。

思考的好处并不止于学业或是创业。足球是罗佳驹最大的爱好之一。他给我们讲研究生时期一次印象深刻的球赛。对于足球赛决定胜负的最后一球，他放弃了惯性思维下"突破极限地奔跑"这一取胜概率不大的选项，而是"站着不动"，利用对方"后卫"的思维惯性，成功赢得了比赛。"不要被社会认知的普适性规则限制，任何情况下都要

去尝试通过思考寻求方法。"罗佳驹不是容易失落或者崩溃的人，他带着智者的冷静，更带着源自足球的韧性。

当笔者问起他创业过程中有没有什么难过的坎时，他露出云淡风轻的自信微笑道："那你可要失望了。"思考，带给他球赛的胜利，也带给他，千百种不同境况下独份的沉稳。

尊重本心的善，感性的他

没有老板的架子，不带打拼多年的疲惫气息，气质如和风，这是两次见他的印象。拿员工吃饭的饭桌当办公桌，自己办公室作为员工的午休室，罗佳驹举出这样的例子来笑谈自己的"老板"身份。

理性之外，他也有极感性的一面。"有情有义比有钱有梦更重要"是他的信条。大学时好朋友陈伟星想创业，没钱没人，他带着钱加入创业团队；"ITP 的同学不会背叛"，创业多年他仍信任每一个并肩过的同学。他自己也说，在商业社会，有情有义并不总是很好的选择；但他选择相信着，也做着一个又一个看似愚蠢的选择。

还好，这些选择意外地给了他许多正面的回馈。学智教育创办时的困难时期，公司账面仅有 80 万元，公司的一个小姑娘出于工作考虑找公司借钱买车。面对刚毕业就加入自己创业团队的小姑娘，他难以忍心言"借"，拿出 8 万元送给她去支付买车的钱。而这个小姑娘，在公司的两个创始人将重心转向新的创业项目时，拿50万的年薪每年为老板创造几千万的分红。当时"不理性"的一念，让他得到了数年的无私回报。"相信善总要比相信恶要幸福得多。"他笃定地说。

君子如风，任性本他

不爱权，不爱钱，他追求着如风般的"任性"自由。

创业是为了自由，生理上和心理上的双重自由。想按自己的逻辑规则和理念做事，又渴望实现一定的社会价值，最好的选择莫过于创业；不喜欢早起，所以要选择当"老板"。"我不会早起，一般午后才会醒，晚上11点以后才能彻底清醒。"生活上，他并不算是自律者。

大学时，罗佳驹是个"自由而懒散"的人，没有做明确的人生规划，也不喜欢随大流做那些在大家眼里很有成就感的事情。"玩游戏，吃泡面，谈恋爱，不挂科，最有趣的事情就是做看起来无用的社交，不在乎身份、年级，总有意外的收获，特别是与那些同样有创业想法的人。"每一次的创业也看起来像是随意的选择。加入泛城科技的创始团队，是为了好兄弟；创办学智教育，经验不足，就从离学生最近的教育行业着手。他创业不为金钱，也不重财富，更不擅长管理财富，"我直接支配的钱很少，钱都在财务主管那里，我甚至不清楚自己一共有多少钱"。谈起现在的公司时，他直言，想体验一下公司失败的滋味。

风儿轻扬尚有沙土流连,他哪里会有无牵无挂的自由。

对父母,他有全面的考虑。"创赛为了保研,保研为了创业"。他热爱创业,但尽量不让家人背负风险和忧虑。看起来"目的不纯",他的研究生时光,却是"学术+创业+实习"三头并进,不马虎地对待每一件事。研究生期间经营着学智教育,他直言,如果公司年收入不够500万元,他会选择就业,但所幸毕业时公司的年收入已达到1800多万元。

对家庭,他有足够的责任。搁浅几年重回教育领域,他创立 Panda 英语有一部分原因正是之前在教育行业积累了一定的经验。不是不想尝试新的领域,父亲和丈夫的身份需要他降低风险。"先创业而后创新",在类似的领域去寻求新的突破。

待目标清晰后再为权衡做出牺牲,这何尝不是一种更为成熟的自由?商业逻辑上,他追求极致的理性;在生活篇章里,他肆意挥洒感性。纵情于理性和感性间,有一份遵从本心的简单和真实,已经是莫大的自由。

他道一句"简单"像是在自夸,我说一句简单是真真切切我的所想所感。

入世的强者,出世的智者,阳光下的 ITPer,他就是罗佳驹。

采访/整理:郭越

段 DUAN

威 WEI

04 级 ITPer
浙江大学电气工程学院系统与科学专业
现为汇量科技（Mobvista）创始人兼 CEO
曾获"胡润 80 后富豪榜前 20 名"等荣誉

汇量科技
聚焦于移动互联网的国际化数字营销
目前公司拥有 500 名员工，分布在 9 个国家和 11 个城市
2018 年香港主板上市，成为国内新三板＋港股红筹上市
第一股
市值 60 亿人民币

段威|
自始至终、孤注一掷，勇闯海外广阔天空

创业，是我人生中的必然，自始至终

如果说从小父亲的鼓励与期待给段威种下了一颗做出一番大事的种子，那么家境的清苦和体校的锻炼便磨炼出段威倔强的性格。两者的结合让段威与创业紧密相连。

段威回想起来说道："上大学我就明白，创业对来我说是一种人生路上的必然。"段威在大学期间就将人通过机会的多少和选择的平奇分成了四个类型，他坚信自己应该要走像比尔·盖茨、乔布斯这样抓住机会、不随波逐流的创业之路。

大学时期，段威进行了自己的第一次创业尝试，当时他看到社交网络发展的小趋势，在大二暑假，孕育出了类似于人人网的校园社交SNS友林，该社交网络后来累计用户达到了 3 万，在高校之间具有不小的影响力。尽管他看到了社交网络的发展趋势，但是当时团队组建的不完善，对于项目发展重点把握不清，使得这个项目并没有取得成功。这第一次失败的创业经历并没有让段威失去信心，反而逼迫他深度思考、奋力探索、飞速成长。

"我当时学会的最重要的一点就是：对于互联网公司而言，还是应该以产品为导向。现在想想，我们当时真的是一股脑儿做，很多地方都处理得很不成熟。"产品为王的观点在当时就已经在段威脑海中根深蒂固，这也对他将来的创业之路影响深远。

多舛，等待的只是一次起风，孤注一掷

虽然大学时期的第一次创业失败了，但从整个过程中来看，那次失败是他在创办汇量之前，在创业道路上最体面的一次。

毕业后段威加入华为，担任华为海外市场的产品经理，主要负责软件产品在海外的开拓，2010 年因看好移动互联网的发展趋势，他投身优视科技（UC WEB）。其间他也曾卖过消防设备，摆过地摊，甚至在机场卖过打火机。考虑到客户群体的溢价能力，他选择专门把打火机卖给出入机场的外国人，能把人民币 3 角钱的打火机卖到 1 美元。

　　华为和 UC 的工作经历为他积累了全面的海外推广经验，2013 年初的段威，在看到了中国人口红利消失的趋势后，面对国内互联网公司的激烈竞争，毅然决然投身市场无比广大的海外市场，创建了Mobvista，定位于移动营销，坚持"定制化"的营销理念，帮助中国出海企业和应用开发者提供用户获取和流量变现服务。

　　2013 年，汇量科技成立；

　　2014 年，获得 1200 万美元投资；

　　2015 年，挂牌新三板；

　　2016 年，收购美国原生广告公司 NativeX、欧洲游戏数据分析公司 GameAnalytics；

　　2017 年，营收 21 亿元，年利润 1.8 亿元；

　　2018 年，香港主板上市，成为国内"新三板＋港股红筹"上市第一股。

　　回顾汇量科技 5 年的成长历程，段威笑着说道："往好了说，这叫厚积薄发，但其实只能算我们赌对了，创业过程有的时候运气更重要。"其实汇量科技看起来站在风口，一路走来无比顺利，但背后也承载了一个团队无数次的判断、预测和尝试。只是那些错误的判断，被结果证明是错误后，顺其自然地被旁观者忽视，只留下"证明"出来的成功。"对的结果也不能说明当时的判据无比正确，只是觉得有判断有判据那去做就好了，战略是干出来的，不是想出来的。"

强化班，思维与胆量的碰撞，青春的广阔天空

12年前在强化班的学习经历,给予了段威的青春一片广阔天空。"强化班都是一帮敢于想象并且能够去做的人。"随着年龄的增长,一个人的选择在慢慢地减少,强化班同学间思维和胆量的碰撞,使得每个人都觉得世界有无限的可能。青春最重要的事情就是在充满着选择的时候,勇敢地去尝试。

强化班的交叉学习,让主修电气的段威更多地接触到经管等社会科学方面的知识,并且锻炼了他强大的人际交往能力,对于他思维模型的塑造和将来创业路上的执着坚持起到了不可磨灭的作用。一位 05 级的 ITPer 回忆道:"当年我们那一级的 ITPer 见面会是段威组织的,各种细节流程都很赞,赏心悦目。"

除此之外,由于汇量科技主体在广州,很难吸收到浙大这边优质的人才,但因为强化班同学之间的紧密联系,公司招收了很多强化班的骨干人才,尤其是一些关键的岗位,汇量其他三位联合创始人中就有一位来自强化班。"站在现实的角度,强化班给予了公司很多的帮助。"段威如是说。正是拥有这一群相互信赖、相互扶持的伙伴,汇量科技才在短短的几年时间内从激烈的市场中坚持到底,最终脱颖而出。

2018 年 12 月 12 日,汇量科技在香港交易所敲锣上市,拟发行约

3.18 亿股，预计募资 12 亿港元。面对自己创造的 30 岁奇迹，段威始终秉承一颗谨慎之心，通过不断的自我怀疑来使自己和公司保持强劲的信心和动力，迎接互联网"下半场"的挑战。

采访／整理：杨钊

强化班的事情我不推

董　DONG

明　MING

05 级 ITPer
浙江大学能源与环境系统工程
老虎证券联合创始人

董明|
在创业路上虎虎生威

老虎证券，旗下持美国券商牌照，华人地区知名的美港股券商，获小米、美国盈透战略投资。公司业务覆盖美股、港股、英股、沪深港通、ETF、期权、窝轮牛熊证、美港股打新，品类丰富。软件全终端覆盖，功能强大，开户送 Lv2 行情，为全球华人提供优质投资体验，实现全球资产配置。2019 年 3 月于纳斯达克上市。

有人说创业就该从自己的专业起步，从技术人变成创始人；有人说创业者之间就该有矛盾摩擦，最后不打不相识，破茧成蝶才美丽。

这是一个非典型创业者，半路转弯，投身金融；这是一个非典型创始人团队，求同，但更允许存异；这是一个非典型公司，没有一言堂，也不选择草率地服从。

跨界老虎

董明直言他自己从一开始就想着创业，对事情充满激情和想法的他，敢想敢做，尽管经历了兜兜转转，但最终实现了"小目标"。

大学初期，他在社团内主办了一系列名人演讲活动，这些活动请到了刘墉、沃森·克里克等嘉宾到校演讲。在当时，这些重量级的嘉宾接受一个大学生的邀请绝对是让人难以置信的，但是董明就凭借着敢想敢做的精神大胆地去与这些嘉宾进行接触，最终经过不懈的尝试达到了目的。同时也正是这种精神引导他进入 ITP，寻找更有价值的自己。董明说，ITP 的课程给了他很大的启发，让他看到了更多自己可以做的事情。

本科就读于能源专业的董明，却在自己的硕士项目上选择了工业管理方向，这是一次大胆的尝试，也为他之后的逐步转型奠定了基础。完成硕士项目回国后，他转战工业投资领域，同时他也在这段时间内不断调整，想要找到真正属于自己的方向。这些经历也开拓了他的知识领域与眼界，为他之后投身互联网金融行业打下了基础。

董明不断追求自己的价值的过程，也并不是一帆风顺。在挫折中反思，在转型过程中找准自己的定位是最重要的。

合作虎群

董明与老虎证券的其他合伙人在很早的时候就相识了，后来也因为共同的兴趣爱好（美股交易）经常在一起深入交流。渐渐的，他们发现身边很多朋友都有交易美股的需求，也发现了美股交易存在的诸多痛点，开户难、流程复杂、资讯信息少、交易规则多样且与 A 股差异较大……这些都是阻碍人们进入美股市场的因素。几次沟通之后，董明便和创始人开启了老虎创业之旅。面对海外市场上的种种问题，有人吐槽，有人努力适应规则，而老虎证券却选择发现痛点，抓住机遇。是的，创业机会并非从天而降、手到擒来，而是在细心观察、深度思考中诞生，在努力为人们提供便利、创造价值中诞生。

谈及老虎证券在这五年里的艰难时刻，董明乐观地说，其实也没有遇到什么特别的 dark moment（困难时刻）。技术会有难关，但 bug（漏洞）总是会一个一个地被修复；初创时会融不到资金，但随着技术得到认可、痛点得到解决，资金总是会一笔一笔地被注入。或许老虎证券的创始人们就是用这样平和的心态看待创业的，过去的难关被轻轻一抖，便满地生花。问及创业初期的"趣事"，董明说，实际上，由于券商需要做的不仅是一个 APP，还有流程支持、客服准备、合规检查等，更多的精力被放在客户看不到的地方，前台、中台、后台，每个地方

都需要用心。也正因此，老虎证券 APP 的首发比预期推迟了九个多月。"也还是那个木桶，你的短板决定了产品和服务的高度及质量。"老虎证券对待产品精益求精的态度也得到了市场的认可，终于，在 2019 年 3 月 20 日，历经四年半，老虎证券成功登陆美国纳斯达克。

群虎本色

团队永远是成功的重要因素。一个重要投资人创业伙伴曾给"老虎们"一个比喻——在高空飞行的时候加油：飞机必须非常专注地向前飞，不能停，同时汽油没了你还得加，所以团队需要在非常大的压力下，保持极强的专注度去解决各种问题。在这种情况下，有一支得力、靠谱的队伍一定是完成任务最重要的保障。"能够见证身边团队的成长，其实比其他任何事情都有更直接和深刻的感动。"

谈及团队关系与工作态度时，我们想不到的是，在如此霸气的名称下，董明却用了一个词——佛系来描述老虎证券的团队态度。他们心有猛虎，却不莽撞激进。"这是一个'活久见'的生意，老虎更愿意陪伴我们的客户共同成长，而不是通过各种手段促使他们贡献利润"。和许多创业团队冒进、激进的风格不同，老虎用独特的团队风格与文化，在成长的道路上不断向前。"这大概就是最能代表老虎，但又不算特色的特色吧。"董明笑着说。

　　当遇到非常大的矛盾的时候，"老虎"们使用了最符合自身风格的解决方法，"变着法的沟通"。不断沟通的意义在于，背景、经历的不同会导致很多认知的差异，在频繁且不断变通的交流中很可能会有一句话打动对方或者被对方的一句话所打动。而这样打动人的一句话是需要去寻找的，它可能需要九十九句话去铺垫，但事后会发现，为了这一句话，之前的铺垫都是值得的。

　　在最后，董明说："现在以及未来，大家要做的和可以做的事情其实挺多的，不拘泥于当下，不拘泥于'自己心目中的自己'，就一定会有结果。"

采访 / 整理：谷江飒　陈彦辰　傅寰

05 级 ITPer
浙江大学数字媒体专业
嘉锐基金创始人
参与过多个信托、资管、契约型基金项目的发行，
累计募集规模超过 100 亿

嘉锐基金
成立于 2014 年 9 月，注册资本人民币 3000 万
中国证券投资基金业协会批准及公示设立的全国
性基金管理公司

蔡肖羽|
选之从己、行之不悔，追求心中海阔天空

继往开来、开拓创新的社团人

2005 年，蔡肖羽考入浙江大学数字媒体专业，当年他正是这个专业的第一届学生。数字媒体专业对标科技前沿，但也意味着前景并不明朗，他只能一步步摸索前进。

怎么学？向哪儿学？

在那个时候他心中有个答案——出国深造，所以他果断地选择加入了浙江大学对外交流协会，这一最初的思考也开启了他三年的社团生涯。当时对外交流协会还不是社团，它的前身是学校学工部的对外交流办公室，主要进行的是接待交流项目、组织讲座活动等一系列事

务性的工作。时光流转，从大一开始就接触这些事务的蔡肖羽渐渐感受到了组织发展的天花板，当蔡肖羽成为该办公室的第三届负责人之后，这些事务性的工作已经发展成熟，想要更进一步，就不能再囿于原有的体系。

审时度势之下，蔡肖羽遵循了自己内心的声音：走出去，寻求更广阔的天地。于是在他的推动下，对外交流协会从对外交流办公室中破茧而出，成为一个真正由学生自主建设管理的社团，而他也由办公室助理成为对外交流协会社团的第一任会长。

成立社团之后，对外交流协会在蔡肖羽的引导下为浙大学生的对外交流做出了更多努力，在当时的学生群体中声名鹊起，呈现出欣欣向荣的发展局面。然而，尽管有许多不错的人才，蔡肖羽却找不到一个堪当协会会长的后继之人。一面是自己日益繁重的课业压力，一面是自己苦心经营的社团。

怎么选？怎么做？

在那个时候他做出了自己的选择——留下。这是个简单而又复杂的决定，意味着大三的他依旧要担负起社团发展的责任，为自己亲手建立的社团再投入一年。他心里想得很清楚，社团的责任依旧是他的第一要务，他断不能放任不管。于是，直到他从07级的社团成员中发现合适的接班人选，他才如愿卸下社团的重任。也正是在这一年，蔡肖羽与强化班的故事渐渐展开。

三年不鸣、一鸣惊人的强化人

强化班之于蔡肖羽，是一个神圣的地方。谈到加入强化班的初衷，他说他当时对强化班并非有很深的了解，但是在他的身边，很多优秀的人都渴望加入强化班，这样的外部驱动力是他加入强化班的最先原因。而后来，在整个报名和交流的过程中，他感受到了强化班的精神与文化，坚定了对强化班真实的渴望。这个时候，一种自发的源动力代替了与同侪相争的驱动力激励着他加入强化班。

由于最初忙于社团的事务，没有把生活的重心放在强化班上，所以当蔡肖羽交接了在对外交流协会的责任后，他一度感到对强化班有些疏离而难以融入。

怎么办？怎么做？

在那个时候强化班给了他答案——强化班的门永远为强化人敞开。往届的 ITPer 们开创性地建立了 family 制度，family 的"组爸组妈"们给了他真诚的温暖和关爱，帮助他解开内心的困惑，鼓励他勇敢的改变。不同年级的 ITPer 们之间的纵向连接也在这样的 family 制度中愈发紧密。

幸运的是，蔡肖羽也将他所感受到的温存和感动充分地传承、延续了下来，招生宣讲会、family 组爸、family 项目组负责人，这些重要

的工作都被他在第一时间主动地担负了起来。强化班终于等到了这个"三年不鸣、一鸣惊人"的蔡肖羽，而蔡肖羽也在这样的过程中真正成为一名强化人。所以说，在成为强化人的道路上，"迟到"并不一定是毁灭性的，只要在"一切太迟"之前迈出第一步，并且坚定勇敢地一直走下去，强化班也一定会给予更多的爱和回馈。

关于强化班，还有一件事蔡肖羽记忆犹新，在当时，强化班的老师曾提到："不管你们对于未来有什么样的计划，只要这个计划足够具体可行，是你们真心想要的，都可以来找老师，老师会给你们10万元的资助……"当时全班几乎没有人把老师的话放在心里，唯有蔡肖羽认真地去找老师，并在与老师长谈之后，成为全班唯一一个拿到老师资助的人。可以说，正是强化班塑造了这个敢想敢做的蔡肖羽，这也为他此后的创业之路奠定了基调。

爱己所爱、策马扬鞭的创业人

毕业之后，本着学以致用的期望，蔡肖羽接受了游戏公司的游戏开发策划工作，然而现实总不尽如人意，游戏策划并不是他心中所真正喜欢的工作。尽管与许多人一样，此刻的他不知道前路在何方，但是他依然选择了追随心中所想，毅然辞职，转身离开。

迷茫无措时，强化班给蔡肖羽打开了一扇窗户。辗转奔波，在强化班师兄师姐的指引和帮助下，他投身于销售行业，尽管那时他对于销售要怎么做一窍不通，但是他依然无条件地相信师兄师姐的建议。6月，医药、信息、信托三份不同行业的销售岗 offer 录用通知摆在了眼前。三个陌生的领域、三个陌生的行业、三种陌生的客户，一切都充满了未知，但蔡肖羽没有感到恐惧，而是满心的好奇。

怎么选？选什么？

在那个时候他的答案是：既然皆是未知，那就选最陌生、最好奇的那个。于是，在那个 6 月，他与信托基金结下了不解之缘。

工作的第一年，他就和小组五人合作卖出了三个亿的股权产品，这样的成绩令蔡肖羽感到欣喜和满足。然而事与愿违，那一年股市动荡，从 3400 点跌到 1900 点，辛苦卖出的产品全部亏本。绝望、不甘是第一年的收获，离开、转业是第一年的结果。接下来的一年多时间里，蔡肖羽从事过教育行业，也尝试过进入国企工作，但最终都不了了之，最后兜兜转转，拥抱他的是那个曾经带来不甘的基金行业。他再次奋不顾身地在基金行业中打拼。一次失败，不过拍拍身上的尘土，内省、实践，策马扬鞭，再踏征途。

他逐渐开始自己找资源，自己做销售，自己卖产品，靠着自己磕磕绊绊直到 2014 年，蔡肖羽的努力终于得到了幸运女神的眷顾，他赚足资金，开办了属于自己的基金公司——嘉锐基金。

如今，再回过头来看那个在大学专业中迷茫、在社团发展中担当、

在行业沉浮中摸爬滚打的男孩，蔡肖羽已经带着他自己的创业公司走到了第五个年头。前路未知而毅然创社，三年不鸣而一鸣惊人，行业陌生而敢于开拓。纵观蔡肖羽所做的这三件事情，在开始前他从未完全准备好过，但却总能在曲折中到达彼岸。

其实，人这一生有哪有真正准备好的时候，缺的不是尽善尽美的准备，而是在做的过程中不断准备、不断思考的勇气和能力。在这种事情上，选之从己，行之不悔，与其因为未做而后悔，不如去享受做过以后更难得的海阔天空。

采访／整理：郑博鸿

顾 GU

莹 YING

樱 YING

05 级 ITPer
泛城科技联合创始人
穿衣助手创始人
ICY 创始人

顾莹樱|
我赋予自己信仰

　　第一次与顾莹樱见面是在她的公司，她走出来的那一刻，在场所有人的注意力完全被她吸引，她散发出的领袖气质和独特的个人魅力，征服了每一个人。

　　顾莹樱在大三时与联合创建了泛城科技，三年后在巅峰期将股权套现，一年后创建"穿衣助手"，如今正打造一个全新的平台 ICY……她的每一个决定都是那么坚决，好像在她的字典中从来就没有"纠结"二字。看起来，这似乎是一段由越来越高的节点连成的发展曲线，最后的成功也常常会掩盖了奋斗过程中的起伏涨落。作为一位成功的创业者，我们不谈成功，只聊创业。顾莹樱首先强调的是勇气。

我带着恐惧去勇敢

"勇气，是人生中最重要的一个变量。无知者无畏不是勇气，真正的勇气是认清真相、磨难后，仍然愿意带着恐惧上路。"这是顾莹樱为勇气下的定义。"我愿意为此付出代价，我也可以接受失败"，这才是勇敢者的态度。

顾莹樱给我们讲述了这样一个故事。她之前有一个员工，是一个小镇姑娘，做前台。有一次顾莹樱问她："如果有一天你在这座城市坚持不了了，选择回去，你会后悔吗？"员工说："上海是接受最优秀的人的地方，如果我拼尽全力还留不下来，就说明我不够优秀，我会安然接受，回到小镇，再次成为一个小镇姑娘。"

这句话深深地打动了顾莹樱。能够接受现实，能够接受失败，这就是勇气。大学本科时，顾莹樱参加创赛便拿到国家奖，随之而来的是外界不断的赞扬和鼓励。但这个急速成功将她捧得多高，就让这个大二女生心中的恐惧有多深。她突然不知道未来该怎么办，害怕掉下去，不敢继续。顾莹樱在那段时间开始抑郁，她寻求心理咨询，封闭自己独自啃书，在心理漩涡中挣扎。最终，还是那句"怕什么就直面什么"。她再次踏入了商业比赛，平平的成绩反而让她更全面地认识自己的优劣势，付出了代价，接受了失败，磨砺了心智，坚定了勇气。

我有绝对坚守的信仰

创业能够成功的人，应该具有什么样的品质？面对这个问题，顾莹樱毫不犹豫地答道："没有答案，没有哪种品质是绝对优秀的。"勤奋在多数人看来都是一个优秀的品质，但在她眼中却不见得。当一个人在战略上开始懒惰，开始逃避思考的时候，他也会变得勤奋，因为此时"勤奋"变成了最简单的事。

"创业的成功与否并不取决于是否拥有某些品质，而取决于两件事，你是否适合创业和你是否有自己的信仰。"顾莹樱在创业的千变万化和不断调整中找到了自己的兴致所在。用她的话说，判断一个人适不适合干一件事，就看他在干这件事的时候是否有热情，如果他能够长此以往保持这种激情，就说明他适合。

对于信仰的理解，每个人都不一样，顾莹樱是这样理解的："一件事无数次被证明是对的，是事实；一件事无数次被证明是错的，但你依然相信它，这就是信仰。"信仰是在无数次自我怀疑中建立起来的，顾莹樱在创业的道路上也遇见过很多困难，但每次遇见不公，她都说服自己，老天是公平的，这就是信仰给予她的力量。

经过2015年上半年的努力，顾莹樱为穿衣助手谈好了多项合作，总金额非常可观。当她和她的团队都以为更美好的明天马上就要来临的时候，意外发生了：股市突然跳水，危机来临，市场流动性改变，几个亿的融资从眼前溜走。顾莹樱团队当时"懵"了。"因为所有的决策都是前置的，当出现反转的时候，最对的决策往往会变成最坏的决策。"直到后来顾莹樱才慢慢理解到行业的价值，化失败为自身能力的成长。"现在我回想起这件事，我会做一个假设，如果让现在的我再去经历一遍，我是否会做出更好的决策？显然可以！在所有跌倒的原因中，环境因素绝对不是决定性的，最关键的因素还是自己。这也是当初信仰告诉我的，让我不断反省，最后渡过难关。"

我尊重自己的天赋

"我属于'开悟型'，不属于'练级型'。我不太依靠外部因素，也不会把每天的工作都安排得非常细致，我喜欢在有灵感的时候工作。我觉得两者没有好坏之分，但是每个人的天赋不同，我尊重我的天赋。"

顾莹樱喜欢看书，但她不会每天规定看书的时间，每一次看的时候，目的都是完善她自己的理论体系，而不是仅仅总结别人的东西。她觉得"悟"比"记"更重要。每个人都有适合自己干的事情，但大多数人都没有从事适合自己的工作，因为在工作的过程中，慢慢地，自己也会习惯。大多数人都会自我安慰说这是适应，但其实这是麻木。麻木是人生中最差的一种生活状态，每个人都应该尊重自己的天赋。

在创业与生活中，顾莹樱始终保持着由内而外的强大气场，每个优秀的人都会建立对自己最底层的自信，但同时也要拥有对世界最基本的敬畏。

我很感激有 ITP 的陪伴

"我其实在高中时就有创业的想法，但在大二时，有一段时间我挺迷茫的，是 ITP 让我坚定了走创业的道路。"其实大多数人在本科阶段都会有一个迷茫的时期，对自己未来的发展方向还没有一个清晰的轮廓和规划。有些人在这四年里可以走出迷茫，看清自己未来希望的发展方向，而还有很多人不能。

ITP 的培养方向很符合顾莹樱的个性，给迷茫的她打了一剂强心针，让她保持住了对于创业的热情，坚定了以后的发展道路。"我最喜欢 ITP 的地方，就是它总能给我一种感觉，让我保持兴奋，充满干劲，ITP 里活跃的氛围总能感染到我，让我忘记疲惫。"

或许我们每个人在人生的不同阶段，都需要有一个归属，它能给我们安慰和力量……

采访 / 整理：韩汶东

钟 ZHONG
文 WEN
彬 BIN

05 级 ITPer
新农堂创始人
杭州闯字农业科技有限公司总经理

钟文彬 |
国内农业财经内容创业第一人

采访地点是钟文彬的办公室，一进门便闻到瓜果的香气，桌上摆着各式水果和零食：柑橘、褚橙、薯片……这些都是由钟文彬经手品牌化的产品。他十分亲切地招呼我们吃水果，笑容十分和蔼可亲。

内容创业是个自我赋能的过程

回忆起建立"新农堂"这个微信公众号的初衷，钟文彬说，很感谢他当时的老师——传播学教授胡晓云老师。2000 年左右，胡老师决定把自己的专业背景和农业进行交叉融合，把传播学应用在农业领域，生成了"农业与品牌"这样一个交叉学科，并成为此领域国内最顶尖的导师。

毕业后，钟文彬成为了胡老师的助理。五年前某一天的某一刻，一个小小的想法在钟文彬的心里萌生，"我是不是可以用这个公众号来表达一些自己的想法和思考呢？"就这样，钟文彬成为国内内容创业的第一批选手。当时一个十分微小的念头，现在看来却异常珍贵。

"还有一点比较幸运的是，可以有能力抓住微信公众号红利时期这个风口，一边做内容创业，一边建立自己的盈利模式。"钟文彬如是说。他认为内容创业是个凭本事自我赋能的过程，"用不用心是完全不同的。"可能短时间内只能看出细微的差别，但较长的一段时间后，例如三、五年后，一定会有巨大的差别。

当然，在这个过程中，他也遇到过许多瓶颈。内容创业，一开始看来是一件十分个人化的事情，项目立项、策划、调研、写作、发布等等，都更像是一个人的动作，如果能坚持三年，一定特别不容易。但更难的是，三年之后又应该如何去坚持。？

好在，一路跌跌撞撞中，他也摸索出了自己的答案：

第一个是团队化，把自己的思考方式和思路方法教授给更多的伙伴。

第二个是必须要研究内容创业的盈利模式。最初第一年的时候，只顾写作和扩展影响力，没有充分思考长久运营的问题，在第二年、第三年的时候就遇到了困难，需要一边做内容，一边思考应该采取怎样的盈利模式，不断尝试、不断向前。

2014 年，他们终于凭借着 9 场全国巡回新农堂大会在行业里打响了名气，实现了盈利，找到了一个出口。

衡量农业企业价值要更加多元化

钟文彬认为，对于农业企业的价值，是不能简单按创造多少盈利或税收来判断的。农业企业在维稳和共富方面的价值是巨大的，"往往是农业发展好的地方，老百姓能真正地富裕起来"。

这是他对这个行业的感知，或者说是一种类似于使命感的东西。所以，农业永远是他的基础盘。

"未来对于创业这件事情，社会的价值评判体系将会是更加多维的。"钟文彬说道。在整个社会结构中，我们要多元地理解创新创业，将衡量一个企业价值的标准多元化。或许有些在创造销售额、利润，有些是社会企业或者公益机构……他们都在创造价值。农业企业在这种格局中是有一种独特价值的。

不忘初心

很多回忆起来特别珍贵的事情，在当时发生的时候，都是稀疏平常的。比如，或许在大二的时候，会认为期末考试比 ITP 的开班仪式更让人殚精竭虑。但其实，人的一生中，改变人生路径的选择并不多，钟文彬认为，选择进入强化班是其中之一。

如同每一位 ITPer 一样，钟文彬对 ITP 有着很深的感情。在这里，钟文彬遇到了一群拥有共同兴趣爱好的人，在与大家的合作学习中，钟文彬收获了很多珍贵的感情。毕业多年后，他也还是会与他们频繁互动、经常聚餐。

在学校时，钟文彬也参与了一些创业比赛，写创业计划书时，他主要负责关于营销的部分，撰写产品、定价、促销、渠道等内容。这段经历教给了他很多，虽然终究是"纸上谈兵"，缺乏具体实践。毕业之后，在为"董小姐薯片"定价时才真正开始运用当时在学校时学习的内容，才真正对营销有了更多自己的领悟。"其实真正工作实践后，的确会发现有一些跟在学校的时候十分不同的事情"，钟文彬回忆起这些年的感触，"实战经验总是要慢慢积累的。浙江大学是一个很好的平台，能够让同学们有机会拥有比大多数同龄人更开阔的眼界。"

"现在回忆起来，很难想起来每一节课具体讲了什么内容，带给我的更多的是一种类似于精神信仰的东西。"ITP 有着一股强大的气场，"其他专业班带来的可能是一些基础知识的积累，但 ITP 带来的，是创业灵魂。"

采访 / 整理：田雨荷

请务必比我们做得更好

I

T

P

杨 YANG

泆 YANG

07 级 ITPer
光电系硕士
"查好友""微相框""11 点 11
分""简爱"等产品开发者
屋里咖啡创始人

秦 QIN

旭 XU

斌 BIN

07 级 ITPer
信电学院通信工程专业
屋里咖啡联合创始人 &COO

杨泱、秦旭斌|
万水泱漭，晴旭光亮

　　故事要从 07 级创新与创业管理强化班的毕业电影《无冕青春》讲起。吕鹏当导演，杨泱做制片人，秦旭斌是制片主任，他们连同许多的强化班人一起拍摄了这部 75 分钟长的电影。在八九个月的拍摄制作过程中，三个人感受到了彼此的默契与统一。各自保研后，他们仨决定住到同一个寝室。

　　2012 年 1 月 15 日，杨泱给两位兄弟发了一封邮件，写道："这是一种命运的相互选择，从和你们合作开始我才觉得未来要走的路渐渐清晰了。"自此，他们开启了共同创业的旅程。四个月后，杭州友谦网络科技有限公司就在三兄弟火热的创业热情中成立了。单说取名，这三人就在寝室讨论了一个通宵。谈及公司的发展方向，他们用了一顿饭的时间，一拍即合，因此他们打趣道："吃顿饭就是在开董事会。"

到如今，兄弟三人一路携行，在创业的路上闯了八年。从"友谦"到"啊啦屋里智能"，一样的配方，一样的味道。

从生活中找灵感

大家都是第一次创业，该创造一个什么项目呢？秦旭斌决定从身边的需求入手。当时他正在负责组织同学会，需要整理通讯录，他就想把强化班各界同学的联系方式都整合起来，而且能够做到实时更新，大家互相想联系的时候能够很方便，所以他们当时就做了一个在线版的强化班同学录。最开始是 PC 端，大家需要登录网页去更新，而恰逢移动互联网浪潮迭起，他们开发出了一款 APP——查好友，打造实时更新的组织通讯录。

但是在 2012 年的时候，整个移动互联网的浪潮还没有完全到来，创业融资并不是特别火，公司第一轮融资拿了几十万——"那个时候对于创业的很多认知还没有建立，但是也就在一份初心下稀里糊涂地上路了"，秦旭斌如是说。

以长远目光看问题

2017 年，杨泱、秦旭斌的整个团队关掉了 11 点 11 分这款校园社交排名前三的 APP。

"因为大家在熟悉之后会不可避免地跑到微信去交流，没法跟这个 APP 维持长期的联系。特别是不少人最后发展成男女朋友，会很介意对方玩异性交友类 APP，所以说，11 点 11 分的长期留存是有问题的，这决定了它最终没法单独存活，也无法盈利。"

因此，在接受采访时，秦旭斌反复强调，做创业项目需要终局思维，在一开始就应该明确，到底做的是一个结果，还是一个过程——当市场最终达到一个均衡的时候，公司当下采用的模式还会不会存在？

寻求差异化

到了 2017 年，无人货架有了星星之火燎原之势，也有许多公司会在办公室摆一个货架，让员工们自己选择然后扫码付费。杨泱敏锐地洞察到了这一点。而同时，杨泱的妻子是名星巴克粉，基本每天必点一杯星巴克的咖啡，许多同事们也是如此，喝咖啡就像是一种习惯。既然大家已经养成了在办公室里扫码支付买东西的习惯，那不妨也可以来一个无人货架的咖啡机版本。

屋里咖啡，就此诞生。

"我们确确实实给用户带去了一些不一样的体验，就是真正做到了差异化。"秦旭斌在采访中自信地说。这个差异，可以分为横向与纵向的差异。纵向是和星巴克、瑞幸等咖啡品牌的竞争，横向是和其他无人自助咖啡机的竞争。

纵向来看，星巴克、COSTA 更偏向于咖啡馆，有第三空间的概念；而瑞幸，则是外卖咖啡、外带咖啡；无人自助咖啡机的及时性、便利性就是它最大的差异。

横向来看，其实不同公司使用的咖啡机没有本质区别，现磨咖啡的做法也无法跳脱应有的框架。因此，无人自助咖啡本身，说到底是一个服务。屋里咖啡寻求差异，就在这上面花了很多工夫。他们除了实现咖啡机的智能化——多品类无人自助做咖啡之外，专门花了很大的开发成本做了智能的配送系统：当咖啡机中的原料存量低于某个阈值的时候，能自动提醒运维，接下来就能安排运维人员的配送路线，既保证这台机器可以正常使用，又提高向所有机器运维的效率。另外，如果机器出现故障，能确保在一两个小时内来把它维修好。差异化，其实拼的是系统能力，是精细化运维的能力，这才是屋里咖啡的核心竞争力。

磨炼中积累实力

当说到屋里咖啡时，秦旭斌和杨泱确实有很深的认知，采访过程中，两位对当下情势的剖析，对自己新零售创业想法的分享，给采访者带来极大的震撼与冲击。

"有些东西是靠钱能够很快打出来的，有些东西是需要时间来积累的。"

屋里咖啡创立一年来，公司里几乎每一个人都学会了修咖啡机。秦旭斌笑道，"我原来学信电，研究生时还会焊板子，万万没想到创业这么多年之后又开始了。修咖啡机要知道它那些线路怎么布，电线哪个地方断掉要重新接上，最后发现原来学的东西还挺有用的。"

确实，杨泱整个团队发现，运营无人自助咖啡机背后的事情很复杂，远没有想的那么简单。但他们总结下来又觉得这不是坏事，对一个创业团队而言，如果正在经历的是一个暴利的又很好做的模式，那么一旦巨头进入，资本能力弱的一方分分钟就被踢出局了。只有依靠时间积累下来的东西，新兴的创业团队才有和巨头对抗竞争的能力。

在创业的道路上，有兄弟陪伴，有初心守护，有目标追寻；不断思考，不断总结，不断进阶。与有荣焉，幸甚至哉。

采访 / 整理：姚沁田

余 YU

腾 TENG

09 级 ITPer
掌门 1 对 1 联合创始人

掌门 1 对 1
专注 4~18 岁高品质在线一对一定制化教育服务
注册学员已超过 1800 万，市场占有率达 60%，
成为垂直领域领军企业

余腾 |

冷静坚毅，做教育的未来式

正如每个浙大学子入学通知书上的那句——"你将和历史上众多灿若星辰的名字一起，共享浙大人这个无上光荣的称号"，余腾一开始来到浙大就立志要在创业的夜空中成为最亮的星。此时距离掌门 1 对 1 的诞生还有很长时间，但余腾并未在创业路上放缓脚步。在青葱岁月中与强化班的相遇，在悠闲假期里和同学开线下补习班的实践，都为他日后创立掌门 1 对 1 奠定了基础。

生存游戏，冷静思考，直击痛点

加入 ITP 至今将近 10 年，脑海中许多记忆已经模糊不清，而说起关于 ITP 最深刻的记忆，余腾脑海中马上就闪过当年桐庐素拓的场景。

当时强化班组织生存游戏，收走所有人身上的钱，只给每个小组 30 元资金用于他们在当地一天的自由活动。五六人的一个小组，不仅要珍惜仅存的 30 元，还要思考如何利用这仅有的 30 元去挣取更多的资金来进行最后的小组比拼。

在当时，有的同学靠销售能力在当地的摊位卖起水果，有的同学则靠着手艺在理发店帮客人理发，也有些同学四处搜寻没有发现机会，干脆用这 30 元买了当地的小食果腹。而余腾所在的小组原本也没有找到合适的机会，在桐庐兜兜转转，直到他们来到当地的一座美食城。美食城内美食众多，往来食客络绎不绝，在调查了一圈之后，他们敏锐地发现尽管美食城内人流密集，食客众多，但是在此的商铺大多都没有在桌上为客人提供餐巾纸。

看到这个潜在的商机之后，他们火速赶到外面的小超市，买了一大包的纸巾，将均价一块左右的小包纸巾，以两块钱的价格卖给了当场需要的食客，由于掐中了人们的痛点，虽然只是倒买倒卖的小本生意，他们也积累了可观的利润，为他们在此后的小组竞争中取得了先发优势。

生存游戏中的冷静思考只是大学时光的浮光掠影，但这与日后掌门 1 对 1 直击 K12 线上教育痛点的事情却有着高度的相似性。

开疆线上 1 对 1，坚定者得未来

从简单的线下小班辅导成为专注线上 K12 教育的掌门 1 对 1，其间绝没有一帆风顺，如果没有强化班教导的分析思维，没有合作团队的同心戮力，没有余腾本人的坚持不懈，掌门 1 对 1 断不会有如今的成就。

一开始余腾与上海交通大学的合伙人带着掌门 1 对 1 的项目参加创业大赛，精心的准备、慷慨的演说结束之后，余腾的团队所遇到的却是一众专家评审的不理解，"这个线上的老师哪里有线下老师管的好啊""本来就经常玩手机了，怎么还能让孩子接触这种东西""反正我是不会让自己孩子去的，这样很伤视力"……当时的中国市场还没有完全接受在线教育这种新型教育形式，掌门 1 对 1 的第一次萌芽以失败告终。

尽管现实大环境并不乐观，余腾和他们的团队依旧相信自己选择的道路一定是未来教育领域发展的重要方向。现实往往乐意给坚定的理想者更多的机会，掌门 1 对 1 创立初期，正是微信公众号、小程序等功能开放的初级阶段，通过合理的广告投放和精巧的运营手段，掌门 1 对 1 通过微信这个社交圈子，彻底打开了一条冲锋的道路，他们利用小程序的分享机制，一个星期的时间就收获了 70 万的公众号粉丝关注量，这在现在这个流量红利逐渐淡去的时代是不可想象的逆转反

击。时至今日，掌门1对1公众号的粉丝关注量依旧是全国教育类公众号的第一名。

关于掌门为什么要针对1对1领域，余腾对小班式、大班式和1对1教学模式的教学进行了差异性的分析，他从教学的方向性和功能切入：1对1需要的是师生间的强互动性教学沟通，大班式是教师对学生的输出性沟通，而小班式是多向式的强互动性教学，时间和精力成本都远大于前两者。与此同时，1对1是一种补差型的辅导，大小班则是培优型的辅导，需要学生具有足够的自主学习能力对知识进行消化和吸收。基于难度、成本和效益之间的考量，掌门才选择1对1领域。

谈到掌门1对1的线上教学模式，余腾首先将线上和线下的教学进行了一个比较。一名资深教师，总能凭借价格和地理位置优势，开展线下教学。他只需统筹辅导班周围大致五到十公里的包括学校、教师、学生和其他辅导班竞争者等元素即可。但是线上方式与受地理位置限制的线下方式情况不同，线上方式在于能整合全国性的教师资源，当然这也就意味着需要考虑全国范围内多样化的元素，不仅和线上同类竞争者竞争，还要和原有的线下辅导班竞争。基于这样的考虑，"互联网＋教育"的形式就必须采用公众号、小程序以及微博等传播广、扩展快的推广方法。

经过冷静思考之后，余腾和他的团队就瞄准行业的这一特性，不受大环境寒冬的影响，坚定地走上线上一对一教学的道路，并最终证明了自己的坚持是正确的。

跨界创新，盯住未来大方向

对于 ITP 的 20 周年，余腾分享了自己的两个关键词——"创新"与"创业"。余腾这样解释："创新"一定要放在"创业"之前，在没有"创新"的前提下进行"创业"，往往会陷入一种低效的漩涡，换句话说，就是会深陷生存性创业的囹圄之中。面对当下相对可观的利润，创业者往往停滞不前，简单地进行着无"创新"的"创业"，却没有预见到自己将在很快的时间内，触碰到自己当前商业模式的天花板，错失了发展壮大的最佳时机。

所以，余腾建议当下社会的创业者，在有可能的情况下，哪怕没有入门，也应该尽可能地接触时代潮流和发展方向中新的东西，去打破原有的思维定式，构建新的思维模型，了解交叉学科的相关知识，进行多领域的学习。而不是纠结于所学是否有用，因为在足够长的时间维度上，大学所学的知识，哪怕是强化班的课程内容都是没有直接意义上的帮助的，但是这些课程对思维和眼界上的拓展却是进入社会后需要付出很大代价才能学习到的，而交叉学习则是拓展思维、眼界和格局最好的方式。

采访 / 整理：郑博鸿

唐　TANG

资　ZI

仪　YI

09 级 ITPer
现任杭州万科教育集团总经理
毕业于浙江大学建筑工程学院
创办了杭州万科社区教育品牌 VK-Learning
Center、营地教育品牌 VK-Camp，以及良渚
国际艺术学院（Liangzhu International Arts
Academy）

唐资仪|

智资以求，求是认真，一个持续学习者

拜访唐资仪是在一个大雨的午后，在良渚文化艺术中心。那是一幢坐落在向日葵花田中的建筑恢宏大气，而又处处体现着精巧的心思。亦如唐资仪给人的第一印象，自信强大、认真细腻。

初窥堂奥

2009 年，初入浙大的唐资仪，因为爱好立体的构建，在一年的理科试验班历程后，选择了土木工程专业，后来加入 ITP 也让他发掘了自己在创新创业方面的兴趣。对于土木与商科的双重兴趣，让唐资仪选择了房地产行业作为职业发展方向。相知于机缘，授命于能力，唐资仪成为了浙江大学万科俱乐部的主席。

在唐资仪的带领下，万科俱乐部创办了首届"万科杯"商业挑战赛，虽然这是业内首次地产课题的商赛，但还是取得了很好的成果——130余支队伍，600余人参赛，各个专业的同学们实地考察良渚，百家争鸣。正是因为这项赛事，唐资仪和万科的同事们慢慢熟悉起来，也受到公司内几位优秀前辈的影响，毕业后正式加入万科。

渐入佳境

"说不上什么情怀，做教育更多的是想做一些新的东西吧。"

在做了一年的营销工作之后，由于不循规蹈矩的形象，公司抛给了唐资仪一个课题：万科能不能进入教育产业？当时既没有高大上的良渚文化艺术中心，也没有任何过往经验，在这种情况下，唐资仪创新性地提出了做社区教育的想法，即 VK-Learning Center，希望为孩子们打造一个全领域的成长培育服务体系。之后，唐资仪又开始着手营地业务和艺术学院的创立。

杭州万科教育集团，现在主要运营 4 个版块：学制内学校、社区教育、营地教育、国际艺术学院。我们现在看到的是万科在教育领域的崭露头角，而在行业没有过往经验的背景下，从 0 到 1 创业的困难和坎坷可想而知。

"最早启动做这件事情的时候，正式员工只有我一个人，我们的第二位员工都是我招进来的。因为最初的时候我们没有任何实质性的业务，很多人觉得不靠谱，陆陆续续地走了，甚至我最初团队的成员都离职了。"谈起那段起步期，唐资仪笑着说道。人员的更迭只是冰山一角，从场地的谈判到教师的招募等，重重的困难迎面扑来，但都没有阻挡唐资仪前进的脚步。"面对着一个全新的领域，我的感受更趋向于体验和享受。"

教育产业开办到现在，唐资仪也面对着不少质疑：孩子们为什么要来你这里？营地教育不就是玩吗，有什么能学到的？面对着这些质疑，唐资仪说，听听别人的声音是一件好事情，人最怕的是只愿意选择听和自己想法一样的声音，所以我很感谢别人质疑我。开天辟地的事没有一种解释可以让所有人满意，但唐资仪总是能够保持一个很好的心态，而这与强化班的教育息息相关，那就是"爱折腾"。

唐资仪说，最早的时候他也是一个很"工科思维"的人，但是强化班的教育升级了他的思维方式，并不是说实质性的知识，而是对待事物的逻辑与反应范式。当初选择内部创业的出发点很简单，就是想要做一点其他人没有做过的事情，让这个社会因为自己而有一点点的不同；如果有一天这种模式走上了行业风口，那么万科教育也许会是其中的领导者。

这一段是一个有趣的、有争议的话题，叫作命运。

提到这个话题，是因为我们问唐资仪："短短几年做出这样的成绩，

你会觉得自己很幸运吗？"

他说："比我做得好的人太多了。"人生来便带着很多背景，但这并不代表我们在命运面前是无力的，我们通过提高自己的认知能力，通过自律、坚持，影响着自己世界的广度。

读书的时候，我们总是给自己很多时间节点，但是工作了以后，再难有简单的比较，更多的是对自己内在的要求。因而不能把目光仅放在硬指标上，而应该更多考虑的是个人能力的长远发展。能做成一件事，是因为我们到了这个水平，这也与我们的积累、环境甚至天赋息息相关。

考入浙江大学，进入强化班，接受什么样的教育，和什么样的人在一起，都会影响人的能力和水平，良好的环境会培养我们的行为模式和思维范式。影响是自己带给自己的，不是别人带给我们的。趁着现在在浙大这个优秀的环境里，更把目光放在这个方面，这会是受益终生的事情。

我们在唐资仪身上看到的是：智资以求，求是认真。勿向外求，做一个持续学习者。

采访／整理：王贞利 李政沛

ITP

枕冰而思、浴火而行

易 YI

昊 HAO

翔 XIANG

10 级 ITPer
杭州回车电子科技有限公司创始人

杭州回车电子科技
一家非植入式脑电采集设备技术开发服务商
主打以脑电采集技术为核心的脑控式可穿戴设备

易昊翔|
国奖学霸到脑科创业，谦谦君子，难得易休

走进回车，迎面可以看到用意念控制的赛车，进而是充满科技感的会议厅和办公区，这些都契合了易昊翔科技创业者的身份，成熟而健谈、坚定而勇毅。

创业意念·意念创业

你是否想过拥有这样的特异功能，光凭自己的意念就能点亮灯泡，又或是让一辆四驱赛车跑起来？其实，这些酷酷的念头早已不是幻想，易昊翔凭借科技的力量"硬生生"地把它们变成了现实。

"脑科学"似乎是一个离生活很远的词，提到这个词，浮现在脑海中的都是科幻电影里的画面，连易昊翔也笑着说："尽管浙大是国内在

脑科学领域最为领先的几所学校之一，却也只有研究这一领域的生仪学院学生对此有所了解。"

那脑电究竟是什么呢？易昊翔解释道，人的大脑中所有神经活动本质上都是电信号，我们所拥有的想象、情绪以及情感等，背后最基本的构成是一些电流电压。虽然脑电十分微弱，只有 1/1000 毫伏大小，但仍旧可以被设备探测到，就像心电图一样，脑电也有着自己的波动曲线。人的大脑越活跃、注意力越是集中，脑电也就越强，如果这时你正使用'意念'驱动着一辆小车，你会发现小车的速度越来越快。"

易昊翔主修生物医学工程，也是因此结缘脑电。他坦言，其实脑电领域的研究已经有几十年，但大脑本身一直保持着神秘感，除医学外，在其他领域的应用始终没有大的进展，这么酷的"黑科技"为什么不能融入到日常生活中来呢？大三的时候，易昊翔和同学一起做了一个凭借意念驱动赛车的项目，也就是之后的意念赛车，并与浙江省科技馆达成合作，这是第一桶金，然而更重要的是，这次比赛最终使易昊翔走上脑科学创业的道路，一发不可收。

易昊翔谦虚地说，回车能够走在这一领域的前列很重要的一个原因是具有先发优势。在用"意念"控制赛车之后，易昊翔将眼光转向了健康产业。对于失眠的人来说，无法入睡是一个固如顽石的痛点，手环的功能可能只是不断地在提醒你没有休息好，而回车的智能眼罩则能形成闭环，致力于更好的睡眠。

脑科学·学霸脑

在成为一名创业者之前，易昊翔是一名不折不扣的大学霸，一心想着出国搞科研，还曾有着一个当科学家的梦想。那时的西一5楼还全是整天不排课，早上五点多就开门，一直开到凌晨一两点的自习室。易昊翔笑着说："那时我每天早出晚归，早上七点出门，室友还在睡觉，晚上很晚才回寝，室友都睡着了。"努力与天赋交织，易昊翔获得了国家奖学金。

易昊翔待遍了生仪的各个实验室，短则一个月，长则半年，了解了各个实验室究竟在做什么，每个老师的研究方向是什么，专业前沿的动向被他把握得一清二楚。易昊翔还去了UCD进行科研训练并得到了教授的认可，拿到了推荐信。他回忆起大二的那段时光时，感慨到："那时当学霸也是很幸福的。"

然而就当出国梦要实现的时候，忙完申请的易昊翔却犹豫了，心底的一个声音反复回响："科研真的是我想要的生活吗？"想到年复一年待在实验室，生活仿佛看得到尽头，易昊翔内心的不安分隐隐跳动起来。于是，怀揣着"搞事"的心态，实验室学霸走上了创业这条"不归路"。

易昊翔不止一次地提到了科学和工程的差别，简单而言，科学是

探索未知，工程是对科学进行应用。而他最终选择了工程，并希望通过回车将脑科学带进生活。

多读书·书读多

易昊翔总喜欢在解释问题的时候，对我们补充说："你们之后的课程会学到的。"我们惊讶地发现，以一个忙碌的创业者身份加入 ITP 的易昊翔"老老实实"地学完了整个课程，"ITP 的每门课都有它开设的道理，这些课程基本涵盖了创业过程中可能出现的大问题，作为一个创业者来听这些课其实更有体会和感触。"

易昊翔笑称自己保持着"老年人"般的作息，每天晚上 11 点多睡觉，早上 6 点就起床，从而腾出上午 10 点之前的时间进行阅读。这段时间他一般会读一些与企业经营无关的书籍，历史、经济、哲学都有涉猎，以保持大脑对于广泛新鲜知识的汲取。从《国家竞争战略》到《资治通鉴》，从经济管理到历史人文，易昊翔所读之书涉略极广。读书是一辈子的事，而他正在身体力行。

一周三次跑步、一次羽毛球、一次游泳，周末的时候爬山或是越野，易昊翔从容地讲着他一周的运动安排，一切都显得那么恰到好处。在弥漫着浮躁气息的当下，作为一个 preA 轮融到千万资金，处在与资本打交道的创业圈的人，易昊翔能保持这样一种生活状态，着实可贵。

在知乎上有这样一个提问：在回车科技工作是一种怎样的体验？

有一个回答显得格外特别："回车科技是一家很安静的公司，所有人在黑夜里向着一个方向走，你只能听到他们走过之后带起的风声。但是天亮之后，你就会看到他们开拓出的道路。"

这是一家用技术说话的公司，它年轻而有无限可能。作为公司CEO的易昊翔的身上则融合了多种气质，他健谈，却又能流露出一股安静而沉稳的力量，不骄不躁，不紧不慢，或许，他就是那"黑夜"里的守夜人和领路者吧。

愿回车可以温暖你的生活，愿回车CEO的故事，可以带给你一点触动。期待你与历史上众多灿若星辰的名字一起，分享"浙大人"这个无上荣光的称号，共同承担起国家和社会的责任。

采访／整理：蒋晨恺 王婷

蒋 JIANG

晓 XIAO

莹 YING

11 级 ITPer
易露营联合创始人
订单来了联合创始人
香飘飘董事
浙商十佳少帅

蒋晓莹|
人生就像攀岩，通往顶峰的路没有直线

人生旅途很长，

变得复杂没什么，

变得简单才是能力……

存在应有价值，

获得成功没什么，

拒绝平庸才是意义……

所以，

努力做一个简单、独立的个体，创造属于自己的价值。

"实现自我价值的方式有很多，但如果你有足够的热情，创业是最高效的一种方式"

因为对创业有很大的热情，在大二时，蒋晓莹就走上了创业的道路，创建了她的第一个公司"易露营"。

最开始，蒋晓莹只是想和同学去野营，但在准备过程中她们发现并没有一个比较方便的租借帐篷的方式。发现问题就去自己解决，所以她们果断去租了场地、器材，做起了租借帐篷的生意。女孩子创业很辛苦，搬运帐篷到六楼对蒋晓莹来说是常有的事。尽管很累，但能和小伙伴一起为了她们争取到的业务而努力，这过程中充满了激情和热血。虽然在做小事，但她的眼界却从未受到局限，从帐篷租赁中发现了更有价值的痛点。蒋晓莹观察到，在市场中缺少整体的露营安排策划服务，于是拓展自己团队的服务，开始真正走上了创业的道路。

当被问及创业之初最大的压力是什么，她回答道："最大的压力就是不明晰前方的道路，方向不确定最容易让人疲惫。"在创业之前，她做了很多规划与准备，但开始创业之后，她发现创业并不是她原本想象的那样，被客户爽单、被开发商套路……从学生创业项目到社会项目，她经历了一次次的自我否定，渐渐地开始迷茫。经过不断地思考，她决定给自己迷茫的时间，但同时也定下了做决定的最后期限。"一旦选择了，做就好了，这是自己的选择，不管结果怎么样都不亏。"在过程中积累能力、资源，积累内容，就算短暂的失败，也有东山再起的能力。

创业几年后，"易露营"逐渐走上正轨，但伴随着前期的快速发展，她们也遇到了瓶颈。在依然盈利的情况下，蒋晓莹决定转型做 SaaS，创建新品牌"订单来了"。这是一个艰难的决定，当时团队成员和投资人中有不少反对的声音，但她依然坚持，因为她看到了未来。"创业的过程中要学会尽早地看清这个行业的天花板。"她看到了"易露营"发展的"天花板"。

现在"订单来了"发展趋势良好，蒋晓莹也收获了一般意义上的成功，但她一直没有忘记她创业的初衷，她的追求远不止于此。

"不能让能力越来越强，而情怀越来越平庸"

蒋晓莹曾三次去贵州支教，帮助那里丰富教育设施。直到现在，她仍然坚持有时间就去给流浪儿童上课，教他们画画，然后将他们的画作进行义卖，获得的收入再奉献于公益。她一直在探索用商业的方式解决社会问题。

从创业的第一天到现在，蒋晓莹一直坚守着创业的初衷，即"做有价值的产出"。她认为创业者应该保持自己的理想主义，在自己变得越来越优秀的同时，也应当承担更多的家国责任。作为一名优秀的大

学生，更应该拥有家国情怀："一个人承担的责任应该与享受到的资源相匹配。浙大的同学应该有改变世界的雄心。"所以，一直以来在公益和创业中的深入实践，让蒋晓莹对这个世界的运行有着独到而坚定的认识。这么多年，她一直坚持着"社会型"企业的发展方向，她有自己明确的目标："让中国的青年，在世界拥有更多的话语权。"

"融入自己喜欢的环境，但时刻保持独立的自己"

蒋晓莹不会给自己的每天定下严格的计划，但她会把周目标记在心中，在灵活的安排中坚持下来。"我很佩服那种极其自律的人，但可惜我不是，我比较容易受到环境的影响。"说起生活与工作，蒋晓莹特别强调了场域对个人的影响。

说到环境对个人的作用，蒋晓莹着重提起了ITP对她的影响。在强化班中，她遇见了很多有趣的灵魂，她很享受和一群志同道合的人进行思维碰撞的过程。她认为做任何事情都要有氛围，与伙伴"交替领先"的感觉很妙，对于很多事情的坚持，有时候不是为了自己，而是为了伙伴、集体。

由于在大学前就与创业有接触，蒋晓莹从外国语学校高中毕业后，没有选择直接出国的传统路线，而是早早坚定了在浙大这一更大的平台学习创业、加入强化班的信念。在强化班，蒋晓莹也带着自己的"易露营"项目，与同学、老师一起思考和讨论。"幸运的是，我当时能把理论和实践结合起来，也收到了许多鼓励和建议。"

在谈及家庭氛围时，蒋晓莹说道："家庭给我最大的支持就是'不管我'，这给了我足够的空间，让我保持独立。"蒋晓莹的父亲从小就让蒋晓莹在很多事情上自己做决定，同时也让她自己承担责任，承担结果。所以在环境与个人的关系中，蒋晓莹认为"融入"与"独立"一样重要，准确地平衡两者的关系尤为重要。

如果我们足够幸运，可以选择融入我们喜欢的环境，此时的我们应该保持警惕，不要被同化；如果不幸无法选择，我们更应注意不要被环境所裹挟。我们，因为独特，所以才无法取代。

采访／整理：韩汉东

李景元　LI JING YUAN

13 级 ITPer
时印科技创始人兼 CEO
"讯点 3D 科技" 联合创始人兼 CTO
曾获工业设计奥斯卡大奖—德国红点奖
浙江大学学生 3D 打印协会创始人
浙江大学微创业联盟副主席
浙大 CML 创业俱乐部创业导师

李景元|
玩转3D的魔术师

一个淅淅沥沥的雨天，我们见到了李景元，他手捧热茶坐在窗边，眼神中的坚定和透彻，言语中的领悟和分享，温暖了整个雨季。

神神秘秘为爱好——魔术社团

说到李景元，他有一个很神秘的爱好——魔术。

作为物理国赛金奖保送的大神，他觉得魔术也是一样的道理，包含着许多"你看不明白，你想搞明白"的东西。同时，魔术可以给人一种神秘的感觉，带给人不可思议的感受。同时他也可以通过魔术不断地去了解一些新的知识，跟心理学、物理学等学科都有关系。李景元从小就对外星人以及科幻影片比较感兴趣。魔术也是一种神秘文化，

揭露不为人知的小秘密，展示给大家，这个过程也是一种记忆的过程，他很是享受。

凭借着自己的能力和热情，李景元在大一的时候就做了魔术协会会长，希望能够通过一个组织，把大家喜欢的东西做大做强。当时魔术协会只有十几个人，李景元大二时开始组织纳新，开通会员名单录入系统，并且亲自设计徽标，规划好每年需要办的活动和比赛，把魔术社团从一个十几人的小社团发展成为三四百人的大社团。当年李景元的演出，场场爆满，十分受欢迎。

魔术这个爱好，给李景元的大学生活增添了不少乐趣和历练，在把社团办得风生水起的同时也提升了日后的组织能力和思考深度。

兜兜转转还是你——结缘 ITP

李景元表示，对 ITP 了解得还是比较早的，大一大二的时候就有所耳闻，并且产生了憧憬。当初在 ITP 大二招生的时候，也写了报名表，最后没写完，所以就带着遗憾与 ITP 擦肩而过了。但是，从那时起，他就树立起一种对于 ITP 崇高的信仰。然后到 2016 年的时候，知道 ITP 开始第一次招校友，就开心地抓住了机会，以校友的身份进入了 ITP。在 ITP 中李景元结识了很多志同道合的朋友，大家兴趣是一样的，也有共同语言，相处起来十分愉快。所以，还是很庆幸没有错过

ITP 的，"兜兜转转还是你"。

轰轰烈烈做自己——决心创业

大二就凭借德国红点大赛拿到保研资格的大神，在最后关头却做出了放弃保研直接创业的决定。那么，是什么推动了李景元做出这样的决定呢？

他一脸笃定——机遇。2014 年到 2016 年这三年，创业的风最旺，机会最多，如果抢不好这个风口，按照本来的轨道，读完研究生再去做事业，肯定没有 2015 年毕业以后直接做些事情方便简单。很明显的一个道理就是占住风口。李景元说："我想了很长时间，第一条路，读研，第二条路，创业。读研可以给自己留退路，但是创业绝对是一件不留退路的事情。既然选择创业，那就搏一回。"

李景元眼神坚定："为什么说是搏一回呢？因为我把所有后路全推开了，我创业就是要么成，要么败，虽然这样的话我可能会 100% 套进去，但我要的就是不留退路，这是原因之一。第二个原因就是这真的是个风口，我觉得我在此时做这件事情是最好的时间，毕竟读了研究生还要花时间。有舍才有得，看准机遇，做自己真正想做的事情！"

寻寻觅觅结良缘——3D 食品打印

当被问到为何做 3D 食品打印的时候，李景元面露微笑，"这还是要感谢专业，感谢经历。"

有两个比较直接的原因：其一是他本身专业的原因。工业设计其实跟 3D 打印的相关性还是很大的，做设计做出来都是模拟模型，当模型要变成实物的时候，要通过工厂去加工生产。3D 打印就是一个比较快地让虚拟模型变成实物—快速成型的方式，所以这个就跟后来的创业领域有很大关系。其二，做 3D 食品打印跟他大二开始做的第一个公司也有关系。如果做三维扫描的话，同样的事需要做三次。做设计，就是把一个实物变成虚拟的东西，而生产是要把虚拟变成一个实物。后来他就觉得 3D 打印这个东西，在 2015 年的时候特别热，这是个很好的风口。除此之外它的想象空间很大，有很大的发挥空间。

寻寻觅觅，冥冥之中，跟 3D 打印的缘分就此结下，庆幸遇见，珍惜机遇。

懵懵懂懂去成长——创业建议

至于创业的灵感，其实就相当于创新，单说形式，可分为理性和感性，更多时候是感性和理性的融合，但并没有一个通解。获取灵感的第一步是要找到生活中的痛点，可以多关注国内外的现状，包括各产业最新的进展。第二步，要尽可能多地找出这个痛点或是产品发散出来的关键词，然后随机组合，不断地思考、跳跃。有时候看似毫无关系的联想，恰恰会促成一个全新的产品概念。

除了灵感，管理也是一门学问。"管理的核心在于人。不管是社团还是创业公司，都要有一个共同的目标。"有了共同的目标，大家才有可能齐心协力，心齐了，才好管理。其次，要有充分的沟通，要尽力去满足团队成员的诉求，提升他们的发展空间。领导者要花大量的时间去沟通，由于缺乏交流而产生的信息不对称，是管理不当的重要原因之一。在一些团队中，不断有成员离开，这很有可能是因为他们的诉求没有得到满足，没有学到有价值的东西。让成员在团队中拥有强烈的归属感至关重要。团队为成员提供的不仅是物质层面的薪酬，更多的是赋予员工广大的发展空间和实现自我价值的平台。

如果真的有创业想法的话，李景元不建议大家一毕业就创业，还是应该先累经验、以实习实践为主。"一定要有远见，当你带着远见去做手头的小事情的时候，你会更加知道远方在哪里，你要通过什么方式去到达远方。"

最后别忘了，创业其实是一件很艰辛的事情，从零开始，懵懵懂懂，摸爬滚打，过程虽然艰辛，成长亦不言弃。

采访 / 整理：徐斯沛

佟世天 TONG SHI TIAN

15 级 ITPer
喝彩网络创始人兼 CEO

喝彩网
拥有国内领先的创意生成管理系统
已覆盖十余家主流媒体，2017 年营收过亿
2017 年 11 月 9 日，喝彩网与科大讯飞一起
发起中国 AI 营销产业联盟，喝彩网成为程序
化创意板块唯一入选公司，奠定了在 AI 平面
设计领域的领军地位

佟世天 |
AI时代数字广告升级的答卷人

拥抱更多可能，只找"sexy"的东西去做

在喝彩网成立前，佟世天并非一名坚定的创业者，但他一直在寻找让他能心动，觉得"sexy"的项目。持续的好奇心与百分百的专注，是他给人的第一印象。

很多人也许不知道，喝彩网这家在国内该领域已经坐上第一把交椅的企业，在公司注册的时候，方向是做婚庆电子邀请函，和现在的方向完全风马牛不相及。而再把时间往前拨，在佟世天的本科生涯，他也一直在学业之外尝试着许多其他的可能。那时候的他，抱着"玩"的心态，带着文琴艺术团的朋友们开始接礼仪公司的活。"那个时候婚

礼上的表演还比较新奇，专业的演员出场费比较贵，专于演唱的艺术学生又'端'着，放不下身价，恰好我们就比较随意，抱着赚生活费的心态去，没想到后来基本垄断了杭州的高端婚庆市场。"佟世天笑着说道。

除了做婚庆表演，佟世天还在写论文的时候，促成了多项实验室的专利和著作权的转化。"那时候在调研时发现了一些市场需求，又和我们实验室的这些专利和知识产权有相关性。最后通过牵线搭桥，促成了十几个专利的转化。"最让他印象深刻的是一款针对充电宝功率检测的专利，但是在做这个项目时，并没有想到能在工业界产生非常大的价值，甚至最后促成了某厂商在那年天猫平台上冲到了充电宝的销量第一。

可这两件事，在佟世天看来，并不是那么"sexy"，当时作为坚定的"出国党"的他，把更多的时间泡在了西一五楼的自习室。谈起那段经历，佟世天充满着怀念的语气说："当时的气氛真的特别好，我们有一个十几人的考托（托福）、考 G（GRE）团队，轮流每天早上五点半去排队占位，一次占三排。"他偏好 501 和 503 教室，采光好，空调好，一待就到十一二点。

本科毕业后，佟世天顺利地安排好出国的各项事情，但对专业的兴趣却在逐渐减弱，对创业的兴趣逐渐增强。2014 年，佟世天回到国内和几位好友正式开始了"喝彩网"的创业旅程。

持续成长，从二把手到兜底的人

在采访中，佟世天总用着诚恳而谦逊的语气，缓缓讲述一路走来的故事，不断强调"成长"的重要性。

"其实在上学的时候，老师们给我的定位都是二把手，是能把事情完美地做完的人，但离有魄力、敢闯的领导者还差很多。后来自己创业了，三个人角色分工不同，便推着我承担起 CEO 的角色，慢慢地，就被磨成了能够兜底的人。"佟世天笑着表示，不像别的公司，在喝彩网，他更像是员工们的情绪垃圾桶，可以笑纳员工吐槽他的发型、穿拖鞋等等。"以前当然也会急躁，但慢慢地也学会管理情绪，作为领导者，要在人性上带给员工们更多的支持和关怀。而理解到这些也都是一个过程。"

在他看来，学生创业团队在管理上不免会有一个心理门槛，就是会担心自己管理不了比自己大、经验更丰富的人，但公司的业务发展需要，不可能不引入专业程度更高的人才。作为创始人，第一要务一定是让公司的业务能够不断地生长，因为业绩才是尊严。

目前在喝彩网的团队里，既有年轻血液，也有老练的成员，很多都是浙大人，他觉得，浙大人之间更容易产生共鸣和信任感。在 2016 年以校友的身份加入 ITP 后，他也非常信任地把这个项目交给 ITP 的同

学们去组建团队，参加创赛。

自称工作狂的他生活节奏相对规律，基本凌晨两点入睡，早上七点开始工作，满满当当的行程安排，上午下午各一杯咖啡用来提神。"创业就是不能停歇，你一停下来，会耽误到下面每一个环节上的同学的工作。"他总是公司里最忙碌的人，时刻打起精神处理最难的问题。但即使是这样繁忙的日程，他还是保持每周阅读一本书的习惯与不间断的信息输入。

这样的生活节奏，已经持续了几年，从开始创业到现在。逐渐地，他也摸索出更优的方式，带领团队引领着这一行业的发展风向标。

复盘切割的果断，初生牛犊不怕虎的勇气

每周五下午两点，是喝彩网的复盘时间，激烈的讨论常常会一直持续到深夜。"虽然占用了高管的周末，但复盘作为一个正反馈的机制，把时间放大了来看，能保证公司的发展一直在相对的直线上。"而在复盘的节奏被固定下来前，团队融资、研发、组建团队的前几年走得并不是那么平顺。"除了资金的问题外，定位在初期也有些摇摆。喝彩网在 2015 年 6 月上线时是一个 to C（面向用户）的平台，这条路公司成长体量上不去，商业模式存在问题，2016 年过完年，这一模式就被非常完整地切割成 to B（面向企业）的模式。"

　　这一切所经历的事情，并不像佟世天说得那样简单。事实上，在那个阶段喝彩网还面对着资金短缺、发不出工资的问题。"那时候公司已经几个月没发出工资，钱没到账，项目也在摸索中。"虽然员工不知道是佟世天自己在垫钱发工资，但创始成员的心态还是有了些动摇。做过最坏打算的佟世天，却始终抱着"初生牛犊不怕虎"的心态，他表示这也是学生创业的优势，"我们没有太多既定行业经验的限制，我们不知道前面有多难，也不觉得这事肯定做不来。后来结果证明，我们还真的活下来了。"

　　在他眼里，喝彩网就是这样一个打破常规的项目，"以前投放的广告也许很好看，但好看与点击量其实不是正相关的，我们基于这样的逻辑，试着让 AI 来接受设计工作，结合对用户、场景的大数据精准计算，在大量创意方案的基础上，让广告投放的回报率提升了三倍。因为所有广告都需要通过审核，并且让工信部能够信任机器也是一件不容易的事，但最后喝彩网还是打破了这个"不可能"。

　　奠定了在 AI 平面设计领域的领军地位的喝彩网，未来的发展方向同样也是充满着"不可能"，"因为在国内已经没有前人在引路，未来每一步都需要我们不断去探索，去引领"

采访／整理：潘婷

那些年，那些事

ITP班徽的诞生

　　浙江大学创新与创业管理强化班简称强化班（ITP），隶属于竺可桢学院。　旨在培养具有扎实的专业知识、强力创新意识、优秀创新素质及创新技能的高科技产业经营管理创业型人才，具有国际视野、本土智慧，足以担起民族兴衰重任的未来企业家。

　　强化班是一个高度自治的班级，从班徽、班训到班歌、班刊都由学生自主设计，并以民主决策的方式选出。强化班的班徽，是由00级强化班校友张新觉设计的，在经过班级同学和老师的一致认可后，正式成为班级的识别标致。自 2003 年设计完成后一直沿用至今，是强化班所有校友心中对班级共有的标签和印象，现已成为强化班的精神载体和理念象征。其中，班徽主色调使用的红色，也在后续的历届招生中以"ITP 红"的元素被融入各类招生宣传品中，在所有浙大人心中传播着强化班对梦想的不懈追求。

"

ITP 的 LOGO 是我在 2003 年创作的，那时 2000 级 ITP 开课没多久，班长提出规划设计 ITP 的班级 LOGO，经过多方讨论，班长把设计 LOGO 的任务给了我，当时任务时间非常紧，我记得只有一天的时间，我们快速讨论了班级 LOGO 的设计理念和需求：第一，强化班传承了浙大在创新创业领域的求是精神，所以求是鹰的元素必须要有所体现；第二，ITP 三个字母在 LOGO 中展现出独特的字体，成为最终 ITP 的标识记忆。

作为非科班出身的"设计师"，且只有一个晚上的时间，其实压力还不小，上完一天的课就开始画，设计了很多稿，熬了一个通宵，最终选择了在求是鹰上勾勒出 ITP 三个字母的方案，大概也因为主题鲜

明、构图简单，这个方案很快就被采纳了。从纯设计的角度来看，它并不完美，甚至很多人会觉得不够有创意、个性和设计感，但是现在看来，它有两个永远无法被改变的含义：

1. 归属感。无论你身在何处，总能一眼找到一种仅属于浙大和强化班的归属感。它不是一个单纯的企业 LOGO，追求商业应用价值，不为推广和商誉，它是浙大强化班的视觉情感，是每一位 ITPer 奋斗路上的精神归宿。所以毕业 15 年了，至今看到强化班 LOGO 仍还是热泪盈眶。

2. ITP 梦想不止的信仰。因为强化班很多 ITPer 都选择了创业路，创业是一场非常孤独和艰辛的战役，一定要有梦想不止的信仰，创业者的坚持、拼搏、忍耐、韧劲都源于此！"ITP"这三个字母对于我们而言：更像是一种信仰。

——张新党

班歌《梦与追求》的诞生与重置

班歌《梦与追求》诞生

在 ITP5 周年庆典上，沸冰乐队演奏了他们创作的歌曲《梦与追求》得到了大家广泛的支持和喜爱。大家一致同意，将此歌确定为创新与创业管理强化班的班歌。《梦与追求》由王润宇、陈艺超作曲，2001 级和 2002 级同学一起参与填词，最后主要选用了王润宇和刘征的部分词

作。该歌曲在传唱了 12 年后，于 2016 年重制，并补拍了 MV。

《梦与追求》被浙江大学 120 周年"2017·爱你一起"校庆歌曲集收录，在 2017 年发行，并于 2019 年荣获中国教育电视台第三届全国最美校歌展播推介作品。

"

2004 年在面试强化班时，我被问到："你能给强化班带来些什么？""我或许能为强化班写一首班歌。"当时或许在场的老师并没有在意，但是我却真的把这件事放在了心里。经过了破冰之后，我发现 01 级陈艺超学长也在强化班，恰逢 ITP 五周年，我便和他合计为强化班写一首班歌。最初我们两个在寝室完成了这首歌的曲以及副歌的词。在一个双休日的下午，我们在强化班上课的地方（玉泉教七）现场唱给大家听，大家都很喜欢，并开始一起填词，最后从很多词中选中了 01 级刘征学姐的一首诗作为歌词的一部分，就这样，歌词在 01 级和 02 级同学的一同努力下诞生了。

虽然歌曲获得了在校 ITPer 们的喜爱，但是并不能够因此而做为班歌。因为强化班是一个高度自治的班级，老师建议我们在 ITP5 周年时现场演出，之后由大家一同决定。

五周年庆的演出场景，到现在我都历历在目。在玉泉图书馆的二楼，我们乐队压轴出演，演完之后大家都比较喜欢，这首歌便在那时成为了班歌。

现在再来看这首曲子，感觉它的价值已经超越了音乐本身。这首歌有了更多艺术之外的东西，而这些东西其实是强化班这个集体所赋予它的，凝结了 ITPer 们的共识、精神或者信念。 ——王润宇

班歌《梦与追求》重制

2016 年,ITP 班歌《梦与追求》在传唱了 12 年后,经历了一次重制。

"班歌是我们的仪式，就像一次次集结号，动员起我们的信仰和力量。"带着这样的信念。强化班自发聚集起上下 19 届的校友和 15 位老师，历经 6 个多月，共有 60 人参与录音，100 人参与现场演出，分散在全球 10 个国家 30 个城市的 120 人线上出境。

筹备了 123 天的《梦与追求》MV 于 2016 年 11 月 13 日在紫金港校区开拍。这次 MV 的拍摄由 07 级强化班同学杨泱担任编剧和联合制片人，参加过《奔跑吧》拍摄的"无米映像"团队执镜。主要剧情拍摄耗时 36 小时，共有 33 场戏。

"

虽然 2004 年创作出来的这首歌被班级师生确定为了班歌，但其实从专业角度来讲，我一直觉得当时那首歌制作的质量挺差的，总觉得这件事在我在校的时候还没做完，也没做好。毕业后，每每在校的学弟学妹发现我是班歌作者，跟我聊起班歌的话题，我都特别羞愧，连忙解释"你先听歌的精神，有空了我一定把它搞好"。所以重制班歌这件事就像我自己欠班级的一个任务，我一直牵挂着，不因为任何外在压力，就因为我觉得当年没做完。2016 年我结束了一段创业旅程，也进入了一段迷茫的时期。在选择新的方向时，我想先做件自己特别认同的事情，来提提自己的精神。恰逢 2016 年是 ITP18 周年，两件事情一拍即合，我便开始筹划重制班歌的事情。

项目开始时，我就认为这件事情不是一个人的事，而是一个集体的事，我只是这个活动的牵头人。当时就本着"有钱出钱、有力出力、有声出声、有颜出镜"的原则把 18 届 ITPer 中尽可能多的人调动起来，让大家关注、参与这个事情。我印象中最深刻的事是当时安排了杭州、上海和北京三个录音棚，组织老师们和各地的 ITPer 们在线上练好歌去录音。录音室的制作老师一开始不是很理解我的做法，因为本来几个人五天就能录好的内容，最后录了整整两个半月，还搞了那么多人来。但随着他们知道了我们是来自上下跨 18 届的一个浙大班级，班级培养了大量创业、投资和企业界的精英，现在同学们拿着自己的钱和时间在为这个集体定制一份"礼物"，他们就肃然起敬，也突然明白了我们做这件事情的意义。在后期阶段，他们做了很多超过传统音乐制作的工作，保证了这首"非专业作者创作""非专业歌手演唱""非正常流程制作"的歌曲以非常专业的效果呈现在所有人面前。

除此之外，这次邀请到了强化班的老师加入，特别是有幸聚齐了强化班三位创始人：吴晓波老师、魏江老师、陈劲老师（其中陈劲老师已离浙赴清华大学任教多年）。三位老师接到邀约二话不说，练歌出镜，第一时间参与，这让我非常感动，也倍受鼓舞。

因为自己的承诺我启动了"重制"，因为老师和同学们的参与，"重制"变得真正有意义：我们都在尽力把对班级的美好记忆装进去，把对美好的憧憬装进去，把尽可能多的人找回来装进去。这不仅仅关乎于青春、创业，更关乎于"我们是谁""我们从哪里来""我们要到哪里去"。

——王润宇

强化班07级毕业电影《无冕青春》

拥有梦想是我们在成功之路上追逐的第一步

　　《无冕青春》是浙江大学创新与创业管理强化班07级毕业电影，由杨膨齐编剧，吕鹏执导，杨泱制片，赵嘉杰领衔主演，创作原型和题材取自07级强化班的2年大学生活以及曾经和正在发生在强化班的大学生创业故事，表达了强化班同学关于梦想与追求的理解和思考。

"

2010年9月，我做了个很重要的决定，只是没想到这个决定后来直接影响了我最后的大学生活，很多东西可能在此后许多年都将在心底积淀，历久弥新。《无冕青春》的剧本初稿就是在那时应杨泱之邀纳入计划，一周时间创作，却用了将近四个月的时间修改完善。

与杨泱、吕鹏组成的导演三人组在长达三个月的拍摄期里建立起了深厚的革命情谊，这是一个红黄＋黄蓝＋蓝绿的组合，是三个截然不同的人在一起碰撞、争执，再磨合、协调的过程，是一个具有代表性的尺有所短寸有所长，各司其职、各就其位的标准配置，所以不论是过程还是结果，都是令人愉快而满意的。

在拍摄条件、场地、设备都极为有限的情况下，在拍摄任务繁重时间紧迫的压力下，所有演职人员都做到了，用最饱满的精神状态创造优质的画面，创造笑声，创造轻松的氛围。

是的，我们要毕业了，要离开了，离开学校，离开强化班，离开熟悉的人。我们或许远走他乡，或许远渡重洋，或许就此老去再不相见。等到很多年后的某一天，当我们暮然回首，想起当年往事，最深的留恋会是怎样的情怀？

青春那么短暂，风一样掠过，抓不到留不住；青春那么炫目，让人可以奢侈地挥霍；青春那么酣畅淋漓，让人不计后果想着重来一次

的机会;青春那么一气呵成,走过路过经历过,便随风而飘散再不回头。

《无冕青春》是一种方式,是一个载体,是一份回忆。对于那些终将逝去的日子,它让我相信,有一种青春可以永不腐朽。

——杨膨齐

后　记

　　今年是浙江大学竺可桢学院创新与创业管理强化班（简称强化班）成立 20 周年，也是我和强化班一起成长的第 20 年。在这 20 年中，我见证了一代代强化人的成长和老师们不计酬劳的倾情付出，我更真切地感受到了梦想、激情和责任的真实存在和重要意义。值得一提的是，与创业链匹配的模块化课程设计、强调荣誉教育和自主管理的强化班于 2007 年荣获十佳"全国先进班集体"，这也是迄今为止唯一获奖的交叉复合型班集体。

　　在强化班走过的 20 年里，创新创业的种子埋藏在每一个强化人的心中，在或近或远的时光里渐次萌发：近两百家创业公司从强化班诞生，总市值高达千亿，强化班已然成为中国创新创业教育的引领者和驱动者。强化班的健康成长生动诠释了创业教育的意义，这离不开一群同样心怀梦想和责任的教师队伍持续不断的努力，感谢老师们的一路同

行,感谢我们的院友心系母校,也感谢社会各界对强化班的关爱与支持。

这是强化人的光荣和梦想!

砥砺奋进创新路,乘风破浪正当时。最后,再次谢谢强化班的家人们。20年来,一代又一代强化人用自身的实际行动诠释了梦想、激情与责任的分量。从强化班成立时便创立的教务评论,到为20周年献礼的20人访谈《梦与追求》,通过一次次筹备、采访、撰稿,无数的强化人付出了艰辛的努力。特别感谢创享的发起者14级强化人王贞利同学以及《梦与追求》项目组负责人16级杨钊同学和他的团队,团队的成员还有(名字按年级和首字母排序):

16级成员:符浩栾、徐昳潇、郑艺佳、郑炎钊

17级成员:郭越、韩汶东、黄舒婷、田雨荷、吴轶涵、徐斯沛、徐甜、姚沁田、郑博鸿

《梦与追求》不仅仅是"20人的宣传册",更是强化班创新创业教育的一张文化名片。相信在不久的将来,会有第二册、第三册……在不断的更新中,成为连接强化班校友与在校生的纽带,将强化班的精神不断凝练、升华。未来,我将继续与强化人一起,感受作为教育工作者的价值和油然而生的幸福感,见证一届届强化人的成长、蜕变与成熟。

请务必比我们做得更好!

金一平